Gary Chapman & Harold Myra

Liebe in den besten Jahren

Wie Ihre Ehe glücklich bleibt

francke

Über den Autor:

Gary Chapman ist zwar im Pensionsalter, will aber nichts von Ruhestand wissen. Er lebt mit seiner Frau Karolyn in North Carolina, arbeitet als Seelsorger seiner Gemeinde, hält Eheseminare und ist Autor zahlreicher Bücher. Mit seinem Buch „Die 5 Sprachen der Liebe" hat er einen neuen Schlüssel zur Kommunikation gefunden und ein Millionenpublikum erreicht.

Bibliografische Information der Deutschen Nationalbibliothek
Die Deutsche Nationalbibliothek verzeichnet diese Publikation
in der Deutschen Nationalbibliografie;
detaillierte bibliografische Daten sind im Internet
über http://dnb.ddb.de abrufbar.

ISBN 978-3-86827-687-9
Alle Rechte vorbehalten
This book was first published in the United States by Moody
Publishers, 820 N. LaSalle Blvd., Chicago, IL 60610 with the title
Married and Still Loving It
Copyright © 2016 by Gary Chapman and Harold Myra.
Translated by permission. All rights reserved.
© der deutschsprachigen Ausgabe
2017 by Verlag der Francke-Buchhandlung GmbH
35037 Marburg an der Lahn
Deutsch von Wolfgang Günter
Umschlagbild: © iStockphoto.com / FredFroese
Umschlaggestaltung: Verlag der Francke-Buchhandlung GmbH,
Sven Gerhardt
Satz: Verlag der Francke-Buchhandlung GmbH
Printed in Czech Republic

www.francke-buch.de

Inhaltsverzeichnis

Für unsere Frauen, Karolyn Chapman und Jeanette Myra,
mit denen wir die Freuden und Herausforderungen
der zweiten Ehehälfte teilen;
und für die vielen Menschen, die uns ihre Geschichten
von Ausdauer, Glauben und Liebe erzählt haben.

Einleitung

Liebe im Herbst des Lebens

D amals, als viele von uns den Bund fürs Leben schlossen, im schwarzen Anzug und im langen weißen Brautkleid, hätten wir uns kaum vorstellen können, dass wir eines Tages vierzig Jahre verheiratet sein und solche Dinge sagen würden wie zum Beispiel: „Wäre doch eine gute Idee, wenn wir als Rentner aufs Land ziehen."

Oder dass wir mit unseren Enkeln angeben würden (oder hoffen, dass wir irgendwann mal Enkel bekommen). Wir konnten uns damals kaum vorstellen, dass wir nicht jeden Morgen aus dem Bett springen würden, um die Welt da draußen zu besiegen. Heute fühlt es sich an manchen Tagen eher an, als ob die Welt gegen uns kämpft und eine entscheidende Runde gewonnen hat.

Aber so ist das nun einmal.

Liegen die „besten Jahre" in der zweiten Lebenshälfte?

Einige Studien bestätigen das. In der Forschung ist man zu dem Ergebnis gekommen, dass die Menschen mit fortschreitendem Alter immer glücklicher werden. Doch wenn man über diese Studien hinausblickt: Wie *fühlt es sich wirklich an*, schon etliche Jahrzehnte verheiratet zu sein, sich mit Riesenschritten dem Ruhestand zu nähern und Veränderungen durchzumachen, die das Leben manchmal auf den Kopf stellen?

Liegen die „besten Jahre" in der zweiten Lebenshälfte?

Vielleicht können Sie nachempfinden, was eine gute Freundin von mir gesagt hat:

> *Die Vorstellung, miteinander alt zu werden, wurde für mich wirklich lebendig, als mein Mann und ich im Wartezimmer der Augenklinik saßen. Die anderen Patienten waren offenbar alle älter als wir und das fühlte sich ganz erfrischend an. Manche hatten ihren Rollator dabei. Andere trugen dunkle Brillen. Ein Paar unterhielt sich angeregt, ein anderes hielt die Augen auf das Smartphone gerichtet, so wie junge Leute. Einige Paare mussten einander buchstäblich stützen. Einfach hier im Wartezimmer zu sitzen brachte mich auf die Frage: „Sind wir in ein paar Jahren auch so? Wie sieht diese Zukunft für mich aus, wenn ich mit meinem Mann alt werde?"*

Wie sieht es aus, wenn im Alter von fünfzig, sechzig oder noch mehr Jahren unsere Beziehung noch weiterwächst? Die reifen Jahre können oft glücklicher sein, weil wir uns selbst besser kennen und unseren Frieden mit dem Leben gemacht haben. Wenn die Kinder aus dem Haus sind, kann eine Ehe immer noch von Zufriedenheit und Gemeinschaft geprägt sein. Trotzdem können wir nicht ignorieren, dass die Gesundheit nachlässt, dass wir uns Gedanken ums Geld machen und manchmal mit Sorgen zuschauen, was aus unseren Kindern wird. Vielleicht wird es einsamer um uns herum, weil Freunde wegziehen. Manche müssen mit ansehen, wie ihre eigenen Eltern dement oder gebrechlich werden. Vielleicht gehen unsere Kinder noch zur Universität oder wir selbst fragen uns, wie das nächste (letzte?) Stadium unseres Arbeitslebens aussieht. Altersweisheit kommt manchmal dem Zugeständnis nahe, wie viel wir *nicht* wissen.

Die reifen Jahre können oft glücklicher sein, weil wir uns selbst besser kennen und unseren Frieden mit dem Leben gemacht haben.

Noch einmal: Wie funktioniert das alles?

Wir kennen die Rezepte für eine gute Ehe: Kommunikation, gegenseitiger Respekt, sich Zeit nehmen für den anderen und gute Strategien, um Konflikte auf gute Art und Weise zu bewältigen. Ich (Gary) durfte viele Jahre lang Paare zu diesen Themen beraten und Vorträge darüber halten. Diese Themen möchte ich in diesem Buch genauer ausführen. Doch erfahrene Ehepaare haben ebenfalls ihre vielen Erfahrungen und Einsichten beigetragen. Wir werden also nicht nur praktische Tipps geben, wie man diese „zweite Hälfte" bewältigt, sondern auch Geschichten von Ehemännern und -frauen bringen, die mit den Problemen und Herausforderungen zu kämpfen haben, die diese Lebensphase in der Realität mit sich bringt.

Als wir mit diesen Paaren sprachen, stießen wir wiederholt auf ein Paradoxon: Es geht um Lebensglück, das von der nüchternen Erkenntnis getrübt wird, dass das Leben manchmal hart sein kann. Manche von unseren Gesprächspartnern waren positiv eingestellt und wir ließen uns von ihrem Lachen anstecken. Manche Gespräche waren auch schonungslos ehrlich. Einige Paa-

Es geht um Lebensglück, das von der nüchternen Erkenntnis getrübt wird, dass das Leben manchmal hart sein kann.

re warnten uns, die Realität nicht schönzureden, denn es sei schon wirklich schwierig, Gesundheit und die Energie der Jugend einzubüßen.

Stimmt! Wir sind ganz und gar nicht naiv, was die Probleme des Älterwerdens betrifft. Immerhin befinden wir uns beide in der zweiten Lebenshälfte. Unsere beiden Frauen haben mit ernsten gesundheitlichen Problemen zu kämpfen. Trotzdem erkennen wir das viele Gute in unserem Leben: Wir haben gelernt, auch die kleinen Dinge zu schätzen; wir kennen unseren Partner (und uns selbst) genau; wir sind erleichtert, dass wir nicht mehr mit den Nachbarn wetteifern und Schritt halten müssen.

Doch einer wachsenden Anzahl von Ehepaaren in der zweiten Lebenshälfte ist das nicht genug. Die Scheidungsraten unter den Angehörigen unserer Jahrgänge steigen. Andere haben das Gefühl, dass sie in der Falle sitzen, und sind offensichtlich unglücklich. Die Zeit allein macht es also nicht. Was geschieht dort? Warum gibt es auf der einen Seite Paare, die unglücklich sind oder still resigniert haben, was ihre Ehe betrifft – und auf der anderen Seite Paare, die (so hat es ein Freund einmal ausgedrückt) „an der Hüfte zusammengewachsen" sind?

Offensichtlich gibt es darauf unglaublich viele unterschiedliche Antworten. Manche bringen schon ihre Probleme in die Ehe mit; unglückliche Paare können sich mühsam Jahr für Jahr voranschleppen, wobei die Spuren, die Zorn und Schmerz hinterlassen, immer tiefer werden. Manchmal werden auch Krankheiten oder andere Ereignisse so übermächtig, dass man nicht mehr weiß, wie man damit umgehen soll. Im Hintergrund lauert die Frage: *Sollte das wirklich alles gewesen sein?*

Im Hintergrund lauert die Frage: Sollte das wirklich alles gewesen sein?

Viele derjenigen, die uns ihre Geschichten erzählt haben,

brachten eine schwierige Vorgeschichte mit. In unserem Alter schaffen es nur wenige Menschen, den Dingen zu entfliehen, die das Leben auf sie einprasseln lässt. Was also macht den Unterschied zwischen gelingenden und scheiternden Ehen aus? Auf drei Eigenschaften einer langjährigen Ehe stießen wir immer wieder:

Lachen und Akzeptanz. Paare, denen es miteinander gut geht, sehen zwar die Unvollkommenheiten und sogar Gewohnheiten des anderen, die sie verrückt machen, können jedoch nach so vielen gemeinsamen Jahren darüber lachen. Sie akzeptieren einander so, wie sie sind, mit all ihren Macken. Eine Frau sagte: „Ich muss ihm nicht alle seine Fehler abgewöhnen und ihn vollkommen machen. Er glaubt immer noch, dass er mir hilft, wenn er seinen schmutzigen Teller in die Küche trägt und neben der Spüle abstellt."

Resilienz bzw. Widerstandskraft. Wir hörten Geschichten, die von Niederlagen und Trauer erzählten, und spürten, wie widerstandsfähig diese Männer und Frauen waren. Diese Widerstandsfähigkeit hatte ein Fundament: Sie fühlten sich ihrer Ehe lebenslang verpflichtet. Diese Paare betrachteten die Ehe als einen verbindlichen Bund, der sie in die Lage versetzte, zu ihrem Partner zu halten – in allen Höhen und Tiefen, die das Leben mit sich bringt.

Glaube. Dieser aktive Einsatz für ihre Ehe war in ihrem Glauben verankert. Immer wieder erzählten diese Paare uns, welch wesentliche Rolle ihr gemeinsamer Glaube spielt, um mit dem völlig unterschiedlichen Charakter des anderen, mit Wunden und Krisen fertigzuwerden. Der Glaube hat Augenblicke der Freude ermöglicht.

Wir sind den Männern und Frauen dankbar, die uns ihre Geschichten erzählt haben. (Manche Namen und Einzelheiten, an denen man sie erkennen könnte, haben wir verändert.) In etwas ausführlicheren Interviews stellen wir Ihnen Jerry und Dianna Jenkins, Joni und Ken Tada sowie John und Cindy Trent vor – sie alle sind schon lange verheiratet. Alle haben in den Interviews offen und ehrlich über ihre Ehe gesprochen. Was noch wichtiger ist: Sie setzen das, was sie sagen, auch in die Tat um. Wir sind sehr dankbar, dass sie bereit waren, ihre Erfahrungen mit uns zu teilen.

Und weil Paare, ganz egal welchen Alters, auch immer praktische Ideen brauchen, habe ich (Gary) einige Hinweise eingefügt, die – so hoffen wir – Ihrer Paarbeziehung guttun werden.

Im Buch Prediger heißt es: „Jedes Ereignis, alles auf der Welt hat seine Zeit: [...] Suchen und Finden, Aufbewahren und Wegwerfen [...] Für alles auf der Welt hat Gott schon vorher die rechte Zeit bestimmt."[1]

Diese schöne Zeit ist gleichzeitig Geschenk und Herausforderung. Wir wünschen es uns selbst und allen unseren Lesern, dass wir uns gemeinsam und voller Freude darauf einlassen können.

Gary Chapman und Harold Myra

---

1   Prediger 3,1-11; Hoffnung für alle.

Teil 1

1

Ein Abenteuer:

Ja zum Leben sagen

Eine junge Frau stürmt in ein Pariser Café und zieht den Blick eines Manns auf sich ... ein reiches Mädchen und ein armer junger Mann kämpfen Seite an Seite gegen das Böse ... ein Liebespaar flieht durch den Dschungel, bis die beiden vor einem Abgrund stehen ...

In Filmen bedeutet Romantik auch immer Abenteuer. Wir erleben die Spannung, die Gefahr, Entdeckung, Jagd und eine neue Liebe mit sich bringen. Alles ist aufregend, dramatisch und attraktiv. Doch Hollywood bringt Abenteuer selten mit *Ehe* in Verbindung. Wir auch nicht – wenn überhaupt, ist für uns eher das Gegenteil der Fall. Wir sagen: „Warum heiraten sie nicht, kommen zur Ruhe und lassen sich häuslich nieder?"

In Hollywood haben Abenteuer und ältere Menschen nichts miteinander zu tun, abgesehen von einer löblichen Ausnahme, nämlich Judi Dench, die in den beiden *Best-Exotic-Mari-*

gold-Hotel-Filmen in Indien im reifen Alter ihre große Liebe findet.

Aber Abenteuer ist *wichtig*. Abenteuer ist deshalb wichtig, weil viele von uns in der Versuchung stehen, sich häuslich niederzulassen und dort sitzen zu bleiben. Die Marigold-Filme bringen eine Saite zum Klingen, weil sie Fragen ansprechen, die sich viele von uns stellen – zum Beispiel: Wer bin ich? Wer sind wir? Und was wollen wir mit der Zeit anfangen, die Gott uns schenkt? Entgeht uns vielleicht etwas Besonderes, womöglich sogar das entscheidende *Etwas*?

Wer bin ich? Wer sind wir? Und was wollen wir mit der Zeit anfangen, die Gott uns schenkt?

Wir mussten über die Schilderung einer Bekannten lächeln, die uns erzählte, was sie vor Kurzem gemeinsam mit ihrem Mann bei einem Besuch bei Freunden erlebt hatte:

Je älter wir werden, umso weniger können wir den Winter hier im Norden leiden. Eine Möglichkeit, dem trostlosen Wetter zu entfliehen, besteht darin, dass wir Freunde besuchen, die auf einer Insel vor der Küste Floridas wohnen. Seekühe, Pelikane, Palmen und warmes Salzwasser, das die Zehen umspült, sind wahrhaft Balsam für eine durchgefrorene Seele.

Das Allerbeste ist es aber, dass wir von lieben Freunden umgeben sind und uns richtig entspannen können.

Eines Abends setzten wir uns nach einer großartigen Mahlzeit vor den Fernseher und schauten Basketball. Wir alle, die beiden Labradorhunde eingeschlossen, waren erschöpft und machten es uns gemütlich. Ach, so schön kann das Leben sein!

Auf einmal merkte ich, dass ich blinzelte und schlaftrunken war. Ich war eingenickt – genauso wie die anderen auch. Im Fernse-

hen lief inzwischen eine Late-Night-Talkrunde. Einer der beiden Männer war auf dem Sofa eingeschlafen. Der andere schlief im Sitzen. Meine Freundin hatte sich eingekuschelt und war eingenickt. Beide Hunde hatten sich auf dem Boden ausgestreckt und schnarchten.

Mir gefiel, wie verletzlich wir in dieser Situation wirkten. Wann bekommen uns unsere Freunde schon einmal schlafend zu Gesicht? Ich war froh, dass mein Mann und ich nicht die Einzigen sind, die vor dem Fernseher einschlafen. Es war so gemütlich und geborgen ...

Neue Wege, neue Überraschungen

Gemütlich und geborgen ist natürlich wunderbar, aber wann ist der Punkt erreicht, an dem wir es uns *zu* gemütlich gemacht haben? Wann müssen wir von der Couch aufstehen und für Veränderung sorgen?

Der Schweizer Arzt und Psychiater Paul Tournier schreibt in seinem Buch *Jeder Tag ist ein Abenteuer*, dass wir nur dann Erfüllung finden, wenn wir unser Leben als Abenteuer verstehen. In erster Linie bezieht er das auf die Ehe in all ihren Phasen. Er schreibt, dass man die Ehe als Abenteuer behandeln müsse, um sie zu einem Erfolg zu machen – mit allen Reichtümern und Schwierigkeiten, die ein Abenteuer mit sich bringt, das man mit einem anderen Menschen teilt.

Es hängt von Ihrer Persönlichkeit ab, was genau „Abenteuer" bedeutet. Für richtige Gewohnheitstiere könnte es bedeuten, einmal einen anderen Weg zum Supermarkt zu nehmen. Doch für Paare, die schon seit Langem verheiratet sind, liegt eine große Chance darin, etwas ganz Neues zu versuchen: neue Ideen, neue Gespräche, neue Menschen, die man kennenlernt. Veränderungen wecken das Gehirn auf und bahnen sogar den Neuronen neue Wege. Das tut unserer Ehe gut und auch unserer Gesundheit.

Doch welcher Weg ist der richtige? Denn „Neues" ist nicht unbedingt mit „Neuheiten" gleichzusetzen. Viele von uns kennen Paare, die im Herbst des Lebens nur noch dem Vergnügen hinterherjagen. Diesem Stress wollen sich die wenigsten von uns aussetzen. Doch andererseits wollen wir auch nicht immer in den alten Gleisen stecken bleiben. Hören Sie auf Paul Tournier: Er schreibt, dass wir unser ganzes Leben lang immer neue Abenteuer brauchen und wir ein gemeinsames Ziel entdecken, indem wir „auf Gott warten, dass er uns ein neues Abenteuer schenkt".

Hier ist sein Rezept für eine gelingende Ehe: „Dieses Christus übergebene Leben ist auch deshalb ein ständiges Abenteuer, weil es ein Leben des Hinhorchens ist, des Hinhorchens auf Gott, auf seine Stimme, auf seine Engel. [...] Es handelt sich darum, unaufhörlich in ihnen die Zeichen Gottes zu entdecken." Und weiter: „Es ist das schwierige und anspruchsvolle Abenteuer des Glaubens, voller Leidenschaft und Poesie, voll von Entdeckungen, neuen Auftrieben und Überraschungen. [...] Ja zu sagen zu Gott heißt Ja zu sagen zum Leben. [...] Auch jede Ehe kann wieder zu einem Abenteuer werden, selbst wenn sie nur noch Formsache, Gewohnheit war und Langeweile und Herzenskälte in ihr vorherrschten."[2]

Weniger Platz, mehr Freiraum

Wenn die Kinder aus dem Haus sind, überlegen sich die Eltern oft, ob sie das große Haus am Stadtrand aufgeben und aufs Land oder in eine Wohnung in der Innenstadt ziehen sol-

---

2   Paul Tournier, *Jeder Tag ist ein Abenteuer*, Verlag Herder, *Freiburg im Breisgau 1975, S. 180f.*

len, wo alles zu Fuß erreichbar ist. Im Internet finden wir endlose Listen mit den besten Wohnorten fürs Rentenalter und wir fragen uns, wie es uns denn beispielsweise irgendwo auf dem Land ergehen würde. Aber Paul und Becky dachten nicht nur darüber nach.

Vor einiger Zeit zogen die beiden aus einem Vorort weit weg vom Zentrum in eine Stadtwohnung mit einem atemberaubenden Blick aufs Wasser. Paul braucht nun nur noch zwölf Minuten mit dem Bus zu seinem Arbeitsplatz in der City statt der bisherigen zwei Stunden mit dem Auto. Morgens erleben sie den Sonnenaufgang in ihrem Schlafzimmer und sehen, wie sich die Sonnenstrahlen glitzernd auf dem Wasser spiegeln (allerdings wird es ohne Vorhänge fast fünfzig Grad heiß, wie Paul erklärt). Überall gehen sie zu Fuß hin, reden tatsächlich mit ihren neuen Nachbarn in der Stadt und haben eine Gemeinde mit vielen jungen Leuten gefunden. Alles in allem empfinden sie ihr Leben nun als viel entspannter.

Für Becky und Paul war der Umzug in die Stadt fast so wie nach Hause zu kommen. Als frisch verheiratetes Paar hatten sie in der Stadt gewohnt und sich später geschworen, eines Tages auch wieder dorthin zurückzukehren.

Doch zunächst wollten sie ihre Kinder am Stadtrand großziehen. „Paul opferte sein Leben für seine Familie", erzählt Becky. „Wenn ich mal in die Stadt fuhr, fragte ich mich immer: ,Wie schafft er das eigentlich?'"

„Ich war immer erschöpft", sagt Paul. „Ich war von der Frage nach dem Schlaf förmlich besessen. Andauernd fragte ich mich: ,Wenn ich um soundso viel Uhr zu Bett gehe, wie viel Schlaf bekomme ich dann?' Becky und ich lebten aneinander vorbei. Mir ging der Gedanke durch den Kopf:

Wenn wir mit fünfzig schon so weit voneinander entfernt sind, wie wird das erst mit siebzig aussehen?

‚Wenn wir mit fünfzig schon so weit voneinander entfernt sind, wie wird das erst mit siebzig aussehen?'"

Als die Kinder erwachsen waren und Paul befördert wurde, schien der richtige Zeitpunkt für einen Umzug gekommen zu sein. Als ihre älteste Tochter zu Besuch war, blickte sie ihren Vater an und stellte fest: „Wenn das so weitergeht, bist du bald tot. Ich will aber, dass meine Kinder Großeltern haben." Und sie „befahl" Paul und Betty, in die Stadt zu ziehen.

Jetzt war Betty an der Reihe, ein Opfer zu bringen. „Ihr fiel es sehr schwer, ihr bisheriges Leben aufzugeben", erzählt Paul. „Aber es war notwendig, eben damit wir wieder dieses gemeinsame Leben führen konnten."

„Und zu diesem neuen Lebensabschnitt gehört auch, dass wir besser darüber Bescheid wissen, was den anderen gerade beschäftigt", ergänzt Becky.

„Wir arbeiten zusammen"

Auch Kevin und Karen sind abenteuerlustig; allerdings entsprechen sie nicht unbedingt dem typischen Bild, das man sich von Abenteurern macht. Beide arbeiten als Hauptamtliche in ihrer Ortsgemeinde mit. Exotische Urlaube sind nicht ihre Sache (wenn man einmal davon absieht, dass Kevin vor einigen Jahren eine Partnergemeinde in Nigeria besuchte). Schon lange wohnen sie in ein und demselben Haus. Doch Kevin und Karen stillen ihre Abenteuerlust und ihre Sehnsucht nach neuen Erfahrungen, indem sie ein gemeinsames Ziel verfolgen.

Als ihre beiden Kinder noch klein waren, machten sie eine Entdeckung, die ihre Ehe veränderte. Karen und Kevin leiteten damals eine kirchliche Jugendgruppe, wo sich die Heranwachsenden so unverschämt aufführten, dass sie die Arbeit hinschmeißen wollten. Das belastete ihre Beziehung, doch gleichzeitig zwang sie diese Enttäuschung auch, mehr miteinander zu sprechen.

Und dabei entdeckten sie Folgendes: „Die größte Überraschung war, dass sich unsere Ehe zum Guten veränderte. Wir haben gemeinsam an etwas gearbeitet. So richtig verstanden wir das nicht. Die Jugendarbeit, von der man erwartet hätte, dass sie unsere Ehe zerstören würde, hat uns in Wirklichkeit zusammengeschweißt. Wir sind uns nahe wie niemals zuvor."

> *Die größte Überraschung war, dass sich unsere Ehe zum Guten veränderte. Wir haben gemeinsam an etwas gearbeitet.*

Aus dem „Zusammen an etwas zu arbeiten" wurde schließlich noch mehr als eine gemeinsame Aufgabe. Sie schrieben ein Buch mit dem Titel *More than You and Me* („Mehr als ich und du"), in dem sie ihre Vision der Ehe darstellten, die dazu da ist, um anderen zu dienen.

Seit sie vor vielen Jahrzehnten diese Jugendgruppe geleitet haben, mussten sich Kevin und Karen schweren persönlichen Problemen stellen: Schwierigkeiten mit den Kindern, schwere Zeiten in ihrer Gemeinde, sogar chronische Schmerzen. Doch noch heute helfen sie als Team vielen anderen Menschen. Vor einiger Zeit fragten sie vier jüngere Paare, ob sie Lust hätten, sich bei ihnen zu Hause zu treffen, um über verschiedene Lebensfragen zu reden. „Das sind Ehepaare, die intensiv in der Gemeinde mitarbeiten und wachsen wollen. Anderen Paaren zu helfen gehört zu den Dingen, die wir gern gemeinsam tun."

Kevin hat inzwischen eine neue Stelle und ist in die Verlagswelt zurückgekehrt, die er vor dreißig Jahren kennengelernt hatte. Doch er ist und bleibt Pastor und arbeitet immer noch in seiner und Karens Gemeinde mit. Sie beide haben viel zu tun, doch man kann gewiss sein, dass sie auch in Zukunft mit ihrer Ehe anderen helfen und dabei das eine oder andere Abenteuer erleben werden.

„Als wir den größten Teil unserer Rente verloren, hatten wir die Wahl"

Es braucht zwei Menschen, damit die Ehe nicht langweilig, sondern zu einem Abenteuer wird – und manchmal sind diese beiden Menschen sehr unterschiedlich. Wie sehen ihre individuellen Begabungen, Vorlieben und Motive aus? Wie nimmt sich ein Paar eine gemeinsame Aufgabe vor, als Mann und Frau, „Mars und Venus", als einzigartige Individuen?

> *Es braucht zwei Menschen, damit die Ehe nicht langweilig, sondern zu einem Abenteuer wird.*

Was Ted und Linda erleben, hat mit diesen Fragen zu tun. Zurzeit stecken sie mitten in einem Abenteuer: Sie haben sich entschieden, auf einem Boot zu leben. Nein, nicht auf einem geräumigen Hausboot, sondern auf einem sehr kleinen Boot mit gut 30 Quadratmetern Wohnfläche. Wie kam es zu dieser ungewöhnlichen Entscheidung?

Vor einigen Jahren führte die Finanzkrise dazu, dass Teds und Lindas teilweise abbezahltes Haus auf einmal nichts mehr wert war und sie das ganze Kapital, das sie schon hineingesteckt hatten, verloren. Im darauffolgenden Jahr erhielten sie einen Anruf von der Finanzbehörde, die Linda und Ted darüber informierte, dass die beiden Männer, denen sie ihre Altersvorsorge anvertraut hatten, die gesamten Ersparnisse mit einem betrügerischen Schneeballsystem verschleudert hatten. Die Männer landeten schließlich im Gefängnis, doch Ted und Linda konnten sich weder ein Eigenheim noch eine Mietwohnung leisten.

Viele Möglichkeiten standen ihnen also nicht offen.

„Eigentlich hatten wir schon immer auf dem Wasser leben wollen", erzählt Ted, als wir ihn danach fragen, „also lag es nahe, die finanzielle Notlage in die Chance auf ein Abenteuer zu verwandeln. Wir hatten da ein Boot im Auge."

Es wurde ein spannendes Abenteuer auf einem kleinen Boot! Wie kommen zwei sehr unterschiedliche Menschen Monat für Monat miteinander zurecht, wenn sie nur so wenig Platz haben und sich kaum einmal aus dem Weg gehen können? Wir fragen Ted und Linda auch danach. Sie berichten uns, dass sie als Jungverheiratete jeder für sich persönlich aufgeschrieben hatten, was er mit seinem Leben anfangen wollte. Dann hatten sie dasselbe auch noch einmal für sich als Paar formuliert. Das fanden wir spannend. Ihre persönlichen Ziele hatten sie umgesetzt, doch das gemeinsame in weiten Teilen ignoriert.

Warum setzte ihr gemeinsames Schriftstück Staub an? Sie erklären es uns so: „Unsere individuellen Lebensziele halfen uns, als Paar zusammenzufinden." Das scheint in sich widersprüchlich zu sein. Doch letztendlich steht dahinter die Erkenntnis, dass der gegenseitige Respekt vor dem, was der andere in die Ehe mitbringt, von wesentlicher Bedeutung ist.

Unsere individuellen Lebensziele halfen uns, als Paar zusammenzufinden.

Doch nachdem Linda und Ted nun schon Jahrzehnte verheiratet waren, führten diese neuen Entwicklungen zu Spannungen. Sie standen beispielsweise vor der Frage, wie sie mit den emotionalen Auswirkungen ihres finanziellen Verlustes umgehen sollten.

„Als wir den größten Teil unserer Altersvorsorge verloren, hatten wir die Wahl", sagt Ted. „Entweder konnten wir in Selbstmitleid versinken oder wir konnten ausprobieren, wie sich das Leben unter völlig anderen Bedingungen gestaltete. Dass Gott uns versorgt, ist für uns Realität, genau wie unsere Dankbarkeit dafür. Oft fragen wir uns: ‚Was kommt als Nächstes? Wie wird er uns versorgen? Werden wir in ein richtiges Haus ziehen, wo uns unsere Enkel öfter besuchen können?'

Immer läuft es darauf hinaus: Wir wohnen auf einem Boot, erfüllen uns einen Traum und lernen, unserem Herrn zu vertrauen, was die nächsten Schritte betrifft."

Den anderen verstehen

Eine Spur Verrücktheit, ein Ziel vor Augen, Lust auf Abenteuer und der Entschluss, gemeinsam etwas zu schaffen: All das stärkt und vertieft eine Partnerschaft. Es bedeutet, Jahr für Jahr die Begabungen des Partners zu erkennen und dessen Wachstum zu fördern. Es bedeutet, nicht aus der Bequemlichkeit in die Stagnation abzugleiten. Oft bedeutet es auch, Opfer zu bringen.

> *Eine Spur Verrücktheit, ein Ziel vor Augen, Lust auf Abenteuer und der Entschluss, gemeinsam etwas zu schaffen: All das stärkt und vertieft eine Partnerschaft.*

Der andere. In jeder Phase gibt es nur einen Weg zu einer gelingenden Ehe – und das ist der Weg, dass ich den „anderen", den wichtigsten Menschen in meinem Leben, verstehe, ihn mit einbeziehe und ihm zuhöre. Wenn eine Ehe nicht scheitern soll, müssen die beiden Partner auf derselben Seite stehen, zumindest an den großen Weggabelungen des Lebens. Es ist wichtig, dass Ehepartner gemeinsame Werte haben, aber natürlich dürfen sie durchaus unterschiedlicher Meinung sein, welchen Weg sie einschlagen, wenn sich verschiedene Möglichkeiten auftun.

Wie andere Paare haben Jeanette und ich (Harold) vor langer Zeit Entscheidungen getroffen, die bis heute unser Leben prägen. Bei drei sehr wichtigen Entscheidungen bestand Jeanette darauf, dass wir sie einmütig trafen.

Auf ihre Initiative hin wurden wir Pflegeeltern und schließlich adoptierten wir Richard, einen kleinen Jungen. Zu der Zeit waren wir mit drei leiblichen Kindern vollauf beschäftigt und auch meine berufliche Situation war sehr anstrengend. Außerdem waren wir längst nicht mehr in dem Alter, in

Es ist wichtig, dass Ehepartner gemeinsame Werte haben.

dem man normalerweise Kinder adoptiert.

Immer wieder diskutierten wir, welchen Weg wir einschlagen sollten, und beteten darüber. Jeannette beharrte darauf: „Wir können das unmöglich machen, wenn du nicht genauso dahinterstehst wie ich."

Drei Mal standen wir vor der Entscheidung, ein Kind zu adoptieren. Drei Mal haben wir nach viel Gebet und Gesprächen Ja gesagt.

Schwere Zeiten gibt es immer; auch uns traf es einige Male sehr hart. Dass Jeannette darauf bestanden hatte, die Entscheidung zur Adoption einmütig zu treffen, erwies sich als richtig. Denn wie leicht weist man hinterher sich gegenseitig die Schuld zu! „Wenn *du* bloß nicht ..."

Wenn sich in Actionfilmen die Partner in die Haare bekommen und sich einer aus dem Staub macht, steht normalerweise eine Katastrophe ins Haus. Ganz anders ist es, wenn man sich vornimmt, eine gemeinsame Basis zu finden oder zu zweit hinter einer Entscheidung zu stehen. Für solche Menschen gilt das Bibelwort: „Zwei haben es besser als einer allein, denn zusammen können sie mehr erreichen."[3]

Die „Bonusjahre"

Von den Demografen hören wir, dass es doch etwas Neues unter der Sonne gibt: eine zwanzig bis dreißig „Bonusjahre" höhere Lebenserwartung. Der Psychologe Erik Erikson bezeichnete es als „Generativität", wenn gereifte Erwachsene

---

3   Prediger 4,9; Hoffnung für alle.

der nächsten Generation Weisheit und Werte vermitteln können.

Diese zusätzlich gewährte Zeit wird von vielen Paaren, die sie als Geschenk betrachten, gut genutzt. Joe und Marilyn beherbergen in ihrem Haus immer wieder Enkel und Gäste aus aller Welt. Außerdem reisen sie oft nach Brasilien, um ihre Tochter und deren Familie bei der Arbeit unter Straßenkindern in São Paulo zu unterstützen.

Schon früh zeigte sich ihre Neigung zu Abenteuern. Joe, ein Turmspringer, wurde zum ersten Mal auf Marilyn aufmerksam, als sie sich aus einer Mädchengruppe löste und als Einzige vom Sprungturm ins Schwimmbecken sprang. Diese erste Begegnung führte zu einer Ehe, die grenzenlos schien. Mit ihren kleinen Kindern gingen Joe und Marilyn auf eine sechswöchige Campingtour, die sie von Schottland nach Beirut führte, wo Joe eine Stelle als Dozent antrat. Als sie drei Jahre später wieder in den Mittleren Westen der USA zurückkehrten, tat sich für Joe unerwartet die Möglichkeit auf, in Nigeria zu unterrichten. Obwohl sich ihre Kinder wehrten, schon wieder umzuziehen, meinte Marilyn: „Warum nicht?" Und so zogen sie um.

Wir fragen nach, wie sie mit Meinungsverschiedenheiten umgingen. Die beiden können sich nur an einen einzigen erbitterten Streit erinnern. Joe unterrichtete zu diesem Zeitpunkt an der Amerikanischen Universität in Kairo und aß in der Regel mit einer mehrheitlich muslimischen Gruppe zu Mittag. Für ihn war es eine Geste der Höflichkeit, im Ramadan mit ihnen gemeinsam zu fasten. Marilyn war strikt dagegen. Sie gab zu, dass sie richtig wütend auf ihn gewesen sei.

„Wie lange?", fragen wir.

„Den ganzen Ramadan hindurch!"

Ohne Abenteuer wäre das Leben langweilig.

Joe und Marilyn überschritten immer wieder Landes- und Kulturgrenzen und wollten es auch gar nicht anders haben. „Ohne Abenteuer wäre das Leben langweilig", lacht Marilyn. „Das macht das Leben wieder prickelnd."

„Gott hat viel für uns getan"

Nun ist nicht jedes Paar bereit oder in der Lage, nach Brasilien zu fliegen oder in ein Hochhaus in der Stadt zu ziehen. Ein gemeinsames Ziel, Abenteuerlust – das bedeutet für jeden Menschen etwas anderes und hängt von seiner persönlichen Situation, seiner Gesundheit und der finanziellen Lage ab.

Ein Ehepaar kam zum Beispiel überein, eine Zeit lang die Haustiere ihrer Tochter zu hüten: den Hund, die Fische und Vögel. Diese Erfahrung machte ihr Zuhause lebendiger.

Es hat den Alltag auf gute Weise durcheinandergebracht und uns gezwungen, für andere Lebewesen zu sorgen. Wenn die Kinder ausgeflogen sind, dreht man sich mit dem sauberen, aufgeräumten Haus und dem gewohnten Tagesablauf manchmal nur noch um sich selbst. Uns beiden steht der Sinn nicht nach großen Risiken und das ist für uns auch in Ordnung, aber wir haben häufig darüber nachgedacht, was es für uns bedeuten könnte, ein Abenteuer zu erleben. Uns gefällt es, wenn wir nach Hause kommen und die Wellensittiche kreischen, das Hundespielzeug überall verstreut liegt und der Fisch herumzappelt, um mir zu signalisieren, dass er Hunger hat. Ich glaube, das tut uns gut.

Eben dieses Ehepaar wechselte vor einiger Zeit zu einer anderen Gemeinde, die jünger, größer und eher liturgisch geprägt war. Ihrer Meinung nach war das eine notwendige Veränderung.

Der Gottesdienst ist fröhlich und kreativ, gleichzeitig aber auch altehrwürdig und feierlich. Es spricht uns an, dass die Predigten nah an der Bibel dran sind und etwas mit unserem Leben zu tun haben. Wir merken beide, dass der andere geistlich gewachsen ist. Früher haben wir uns auf dem Weg zur Kirche immer gestritten. Heute gehen wir samstags voller Vorfreude auf den Gottesdienst zu Bett. Wir sprechen darüber, wie wir etwas dazu beitragen können. Das ist eine ganz neue Erfahrung, die uns Kraft gibt. Wir glauben, dass Gott noch viel mehr für uns bereithält.

Sprung ins kalte Wasser

Ein Ehemann gestand uns: „Jahrelang habe ich auf der Überholspur gelebt: Stress im Beruf, die Kinder in der Schule, haufenweise Veranstaltungen. Immer fühlte ich mich überlastet und fragte mich, was als Nächstes kommen würde. Ja, das war ein Abenteuer und heute ist alles anders. Trotzdem ist es in gewissem Sinn gleich geblieben. Jeden Tag muss ich neue Entscheidungen treffen und habe Menschen um mich herum, denen ich Gutes tun kann. Und das gilt auch noch, wenn meine Gesundheit nachlässt und ich das Bett hüten muss.“

Jerry und Shirley Rose fordern uns in ihrem Buch *Significant Living* („Bedeutsames Leben") auf: „Schrecken Sie nicht vor neuen Abenteuern zurück, auch wenn Sie älter werden – denn auf Gott können Sie sich so sehr verlassen wie immer zuvor!" Sie illustrieren das mit einem Beispiel aus eigener Erfahrung, nämlich einer Wildwassertour mit einem Schlauchboot. „Der Fluss", schreiben sie, „war ein Abenteuer mit gefährlichen

> *Schrecken Sie nicht vor neuen Abenteuern zurück, auch wenn Sie älter werden – denn auf Gott können Sie sich so sehr verlassen wie immer zuvor!*

Stellen und einer überwältigenden, ja majestätischen Landschaft." Sie mussten sich dem Willen des Flusses unterwerfen, wussten dabei, dass sie sich nicht verirren würden, und genossen auf dem Weg verschiedene Abenteuer. Shirley und Jerry sprechen insbesondere von der zweiten Lebenshälfte, wenn sie zu dem Schluss kommen: „Wir können mehr Spannendes erleben, mehr Frucht bringen und ein sinnvolles Leben führen, wenn wir den Sprung ins kalte Wasser wagen und uns von Gott mit der Strömung treiben lassen."[4]

Wie man die Ehe als Abenteuer gestaltet

Abenteuer bedeutet nicht unbedingt, dass man einen radikalen Schnitt macht und fortan auf einem Boot lebt. Es kann auch bedeuten, einmal ein neues Restaurant auszuprobieren oder sich ein Fußballspiel anzusehen, weil der Enkel eines Freundes mitspielt. Dann schicken Sie ihm am Montag eine Nachricht und sagen ihm, wie sehr Ihnen das Match gefallen hat. Abenteuer kann auch eine geistliche Aufgabe sein.

Nicht jedes Abenteuer muss man mit dem Partner gemeinsam erleben. Jeder von uns ist selbst dafür verantwortlich, sein Leben mit einer gewissen Abenteuerlust zu gestalten. Ich (Gary) bin ein Morgenmensch und verbringe gerne morgens eine Stunde im Wäldchen hinter dem Haus, um den Kudzu wegzuschneiden. Wenn Sie nicht im Südosten der USA leben, werden Sie nicht wissen, was Kudzu ist: Es handelt sich um eine große, schnell wachsende Pflanze mit vielen Blättern, die sich um Bäume

> *Jeder von uns ist selbst dafür verantwortlich, sein Leben mit einer gewissen Abenteuerlust zu gestalten.*

---

4   Jerry and Shirley Rose, *Significant Living*, New Kensington, PA, 2000, S. 15.

schlingt und diese dadurch schließlich abtötet. Sie könnten mich also als Ökofreak bezeichnen. Wenn ich den Kudzu bis zum Boden zurückschneide, geht er ein und fällt schließlich von den Bäumen ab. Mir gefällt dieses Abenteuer, im Wald zu arbeiten. Meine Frau Karolyn ist ein Nachtmensch. Sie würde sich niemals mit mir in den frühen Morgenstunden in den Wald wagen, nicht einmal, wenn sie ein Morgenmensch wäre. Dafür hat sie zu viel Angst vor Schlangen, Zecken und giftigem Efeu. Trotzdem hört sie mir gerne zu, wenn ich von meinen Abenteuern erzähle und ihr berichte, was ich im Wald gehört und gesehen habe.

Karolyn dagegen liebt Symphonien. Ich wünschte wirklich, dass ich die Klänge so wahrnehmen und die Instrumente voneinander unterscheiden könnte wie sie, aber ich kann diese Feinheiten einfach nicht heraushören. Für sie ist der Besuch eines Symphoniekonzerts ein Abenteuer. Wenn sie mit einer guten Freundin von einer Aufführung zurückkommt, genieße ich es, wenn sie mir erzählt, was sie dort erlebt hat. Ich empfinde tiefe Freude, wenn ich sehe, wie sie dieses Abenteuer noch in ihrem Herzen bewegt, und das spiegelt sich in ihren Augen wider, wenn sie mir davon erzählt.

Der Schlüssel zu einer Ehe voller Abenteuer liegt darin, einander die Freiheit zu geben, manche Abenteuer auch getrennt zu erleben.

Der Schlüssel zu einer Ehe voller Abenteuer liegt darin, einander die Freiheit zu geben, manche Abenteuer auch getrennt zu erleben.

Einige Vorschläge, um die Abenteuerlust
in der Ehe zu befeuern

1. Besuchen Sie gemeinsam einen Töpferkurs.
2. Ermutigen Sie Ihren Ehepartner, Malstunden zu nehmen.
3. Besuchen Sie zusammen Ihre jeweiligen Heimatorte. Zeigen Sie Ihrem Ehepartner, wo Sie geboren wurden, wo Sie zur Schule gingen, wo zur Kirche usw. Sie können das Ganze noch lebendiger gestalten, wenn Sie Ihre Enkel mitnehmen.
4. Engagieren Sie sich gemeinsam als Ehrenamtliche in einer sozialen Einrichtung, in einem Verein oder in einer Gemeinde in Ihrem Ort.
5. Machen Sie noch einmal dort Urlaub, wo Sie die Flitterwochen verbracht haben.
6. Nehmen Sie an einem Missionseinsatz teil, vielleicht sogar im Ausland.
7. Besuchen Sie einmal pro Jahr den Gottesdienst einer anderen Gemeinde in Ihrer Stadt.
8. Fahren Sie irgendwo mit dem Zug hin.
9. Nehmen Sie an einem Klassentreffen teil.
10. Gehen Sie im Juni einkaufen, um Weihnachtsgeschenke zu besorgen.

Diese Liste lässt sich beliebig verlängern! Überlegen Sie sich noch mehr Aktionen, die Sie allein oder mit Ihrem Partner unternehmen wollen.

2

Wir treffen uns in der Mitte:

Der Tanz der Unterschiede

Bevor Ben heiratete, stellte er sich vor, wie wunderbar es sein würde, jeden Morgen aufzustehen und mit seiner Frau Jennifer zu frühstücken. Wie sich allerdings nach der Hochzeit zeigte, war Jennifer überhaupt kein Morgenmensch.

Ben träumte von langen Wanderungen und Übernachtungen in der freien Natur, entdeckte dann aber, dass für seine Frau der Inbegriff einer Auswärtsübernachtung ein Bett im Wellnesshotel war.

Ihm war Sparen wichtig. Den Ring hatte er in bar bezahlt (und er war außerdem ziemlich klein). Jennifer dagegen vertrat die Philosophie: „Geh lieber heute shoppen, morgen könntest du krank sein."

Ben glaubte, dass es für alles eine rationale Erklärung gäbe. „Denken wir noch mal drüber nach" – das war einer seiner Lieblingssätze. „Ich hab keine Lust mehr, immer über alles nachzudenken. Können wir nicht wenigstens einmal etwas tun, ohne darüber nachzudenken?" So reagierte Jennifer darauf.

Wenn Sie auf Ihre ersten gemeinsamen Jahre zurückblicken, werden Sie sich wahrscheinlich auch an solche Unterschiede erinnern.

> *Eine der wichtigsten Lektionen, die wir in der Ehe lernen, ist diese: Ihr Partner ist nicht wie Sie.*

Eine der wichtigsten Lektionen, die wir in der Ehe lernen, ist diese: Ihr Partner ist nicht wie Sie. Selbst wenn Sie beide sich extrem ähnlich sind, sind Sie auch extrem unterschiedlich.

So wie es diese Frau erlebte:

Mein Mann und ich sind in derselben Stadt aufgewachsen, nur ein paar Kilometer voneinander entfernt. Wir gingen auf dieselbe Schule und in dieselbe Gemeinde. Das war eine große Gemeinde und wir kannten uns nicht persönlich. Von unserer familiären Herkunft her unterschieden wir uns nicht allzu sehr, wir waren beide eher entspannte Typen und teilten in vielem den gleichen Geschmack. Ein älterer Professor, den wir beide unabhängig voneinander kannten, meinte, wir wären füreinander geschaffen.

Doch im Laufe der Jahre begriff ich, dass wir in mancher Hinsicht ganz unterschiedlich waren, auch wenn man es nicht auf den ersten Blick sah. Zum Beispiel bin ich eher der Gefühlsmensch und gebe mich meinen Zukunftsträumen hin. Er dagegen lebt mehr in der Gegenwart. Das zu verstehen war in unserer über dreißigjährigen Beziehung ein großer Schritt, aber der hat seine Zeit gedauert.

Ob Sie nun der Meinung sind, dass es mit der Mars/Venus-Theorie tatsächlich etwas auf sich hat, nach der Männer und Frauen von unterschiedlichen Planeten stammen, oder ob Sie diese Darstellung

> *Eine Fülle von Variablen sorgen dafür, dass es in jeder Ehe Unterschiede gibt.*

für übertrieben halten: Eine Fülle von Variablen sorgen dafür, dass es in jeder Ehe Unterschiede gibt.

Nicht nur die männlich-weibliche Dynamik spielt eine Rolle. Selbst als zwei introvertierte oder extrovertierte Menschen, die in ähnlichen Elternhäusern aufgewachsen sind, müssen Sie sich mit Unterschieden auseinandersetzen. Diese lassen sich beispielsweise darauf zurückführen, ob Sie mit oder ohne Geschwister aufgewachsen sind; wie der Erziehungsstil Ihrer Eltern aussah; welche Erfahrungen Sie in Schule und Beruf gemacht haben; wie Ihr Temperament ist und welche Sprache der Liebe Sie bevorzugen.

Alle diese Unterschiede können Sie feiern oder zumindest akzeptieren – oder Sie stören sich an ihnen wie an Sand im Schuh.

Ich (Gary) sprach vor einiger Zeit mit Jakob, der mir erzählte, dass seine Ehe mit einer Scheidung geendet hatte. Heute begreift er, dass er die Beziehung selbst zerstört hatte.

Ich habe zugelassen, dass Gefühle die Kontrolle über mein Leben übernehmen. Weil wir so unterschiedlich waren, hat Susan vieles getan, was mich einfach genervt hat. Ich hatte das Gefühl, dass ich ihr praktisch jeden Tag vorhielt, wie verletzt, enttäuscht, frustriert und ärgerlich ich war. Sie fühlte sich dadurch verurteilt. Ich versuchte mir meine Offenheit zu bewahren, aber heute sehe ich ein, dass man nicht ungefiltert Jauche in eine Ehe sickern lassen und dann noch erwarten kann, dass dort ein Garten wächst.

Jakob hat recht. Es mag nicht leicht sein, mit Unterschieden zurechtzukommen und mit jemandem zu tanzen, der sich um die eigene Achse dreht, während man sich selbst in die Arme des anderen fallen lässt, aber es ist möglich. Die Paare, mit denen wir gesprochen haben, haben gelernt, flexibel zu sein und dem anderen Liebe und Wertschätzung zu vermitteln. Ein

Ehepaar, die beide sehr unterschiedliche Charaktere waren, erzählte uns:

> Als wir jung verheiratet waren, gefiel uns das folgende Zitat: „Es geht nicht darum, den richtigen Menschen zu finden, sondern der richtige Mensch zu sein." Aber in unseren ersten Jahren haben wir gar nicht gemerkt, wie unterschiedlich wir waren. Andauernd haben wir etwas Neues über den anderen gelernt. Schließlich haben wir entdeckt, dass es besser ist, sich auf die Mitte hinzubewegen, statt zu versuchen, den anderen zu verändern.

„Ich kann nichts dafür, wer ich bin – das weiß sie doch"

Von einem anderen Paar hörten wir: „Es geht darum, den anderen so anzunehmen, wie er ist." Der Mann erzählte dazu folgendes Beispiel:

> Meine Frau erwacht bei geselligen Anlässen richtig zum Leben. Aus Sport macht sie sich nicht viel, aber wenn man Scharade spielt, lacht und Spaß hat, dann ist sie ganz in ihrem Element. Ich dagegen lasse so etwas eher über mich ergehen. Am liebsten bin ich mit einem einzelnen Menschen zusammen und bei Spielen, wie zum Beispiel Scharade, komme ich mir immer ein bisschen blöd vor. Ich bin ziemlich intelligent, aber ich brauche Zeit zum Denken.
>
> Neulich waren wir bei einer Party und alle mussten mitmachen. Ich versuchte mich von der guten Stimmung anstecken zu lassen und ins Gelächter einzustimmen, aber das kam mir alles albern vor. Als ich bei dem Spiel an der Reihe war, setzte ich einfach aus.
>
> Was ich damit sagen will: Obwohl meine Frau mich anstupste und mir dabei zuflüsterte: „Nun lach doch mal", tat sie das

humorvoll. Weder auf dem Heimweg noch irgendwann danach haben wir darüber gesprochen. Vor Jahren hätten wir noch eine frustrierende Diskussion darüber geführt, wie ich einem anderen einen schönen Abend verderben kann, aber sie weiß, dass ich nun einmal so bin, wie ich bin. Eins habe ich gelernt: Heute kann ich mich daran freuen, dass sie einen schönen Abend hat, selbst wenn es mir anders geht.

Die Bereitschaft, die Persönlichkeit und Interessen Ihres Ehepartners zu respektieren, kann ein erster Schritt in Richtung Harmonie sein.

Lernen Sie die *Fünf Sprachen der Liebe*

Aber die Zeit heilt nicht alle Wunden. Das ist auch der Grund, warum ich (Gary) es im Lauf der Jahre als Seelsorger mit vielen Paaren zu tun gehabt habe. Manche Unterschiede, wie etwa bei Jakob und seiner Frau, können zu tiefen Wunden führen. In anderen Fällen sind die Unterschiede vielleicht nicht so tief greifend, können sich aber zu einer Belastung für die Ehe entwickeln. Meiner Erfahrung nach schafft es ein positives emotionales Klima, wenn wir die bevorzugte Sprache der Liebe unseres Partners verstehen und regelmäßig sprechen. In diesem Klima können wir uns über unsere Unterschiede austauschen und lernen, wie wir sie als Bereicherung begreifen und nicht als Manko.

Ich fasse die *Fünf Sprachen der Liebe* kurz zusammen:

1. *Lob und Anerkennung* – mit solchen Worten bestätigen Sie Ihren Ehepartner: „Das steht dir gut, was du gerade anhast" – „Ich weiß es wirklich zu schätzen, was du für mich getan hast" – „Was ich an dir wirklich mag, ist ...".

2. *Hilfsbereitschaft* – Sie tun etwas für Ihren Ehepartner, von dem Sie wissen, dass er sich das von Ihnen wünschen würde: Sie helfen beim Kochen, erledigen den Abwasch, saugen Staub, mähen Rasen, waschen das Auto, räumen den Keller auf und so weiter. Wenn *Hilfsbereitschaft* für Ihren Ehepartner die Sprache der Liebe ist, sagen solche Taten mehr als tausend Worte.

3. *Geschenke, die von Herzen kommen* – überall auf der Welt macht man sich Geschenke, um seine Liebe zu zeigen. Ein Geschenk sagt mir: „Er hat an mich gedacht" oder „Schau dir nur an, was sie für mich besorgt hat".

4. *Zweisamkeit – Zeit nur für dich* – Sie schenken Ihrem Ehepartner Ihre ungeteilte Aufmerksamkeit. Damit meine ich nicht, dass Sie zusammen auf der Couch sitzen und fernsehen. Dann hat jemand anders Ihre Aufmerksamkeit. Ich spreche davon, dass Sie sich hinsetzen, den Fernseher ausschalten, einander ansehen, reden und zuhören. Oder Sie machen einen Spaziergang und unterhalten sich dabei.

5. *Zärtlichkeit* – Händchen halten, umarmen, küssen, das ganze Spektrum der Sexualität in der Ehe, beim Kaffeetrinken einen Arm um die Schulter des Partners legen, auf einer Autofahrt den anderen zärtlich im Nacken streicheln.

Wir legen die Vorstellung zugrunde, dass jeder von uns eine dieser fünf Sprachen der Liebe bevorzugt. Eine spricht uns auf einer tieferen Ebene an als die anderen vier. In dieser Hinsicht ähnelt

> *Wir legen die Vorstellung zugrunde, dass jeder von uns eine dieser fünf Sprachen der Liebe bevorzugt.*

das der gesprochenen Sprache. Jeder von uns ist mit einem Dialekt oder einer regionalen Sprachfärbung aufgewachsen. Diese Sprache verstehen wir am besten. Das Gleiche gilt auch für die Sprachen der Liebe. Wenn Sie Ihre eigene Sprache der Liebe und nicht die Ihres Partners sprechen, bedeutet sie für Ihren Partner nicht dasselbe wie für Sie. Viele Paare haben über Jahre keine emotionale Nähe erfahren, weil sie nicht gelernt haben, die von ihrem Partner bevorzugte Sprache der Liebe zu sprechen.

> *Viele Paare haben über Jahre keine emotionale Nähe erfahren, weil sie nicht gelernt haben, die von ihrem Partner bevorzugte Sprache der Liebe zu sprechen.*

Wenn Ihnen dieses gesamte Konzept neu ist, können Sie im Anhang dieses Buches einen kurzen Test machen, mit dem Sie Ihre bevorzugte Sprache der Liebe sowie die Ihres Ehepartners herausfinden können. Schon unzählige Paare haben durch die *Fünf Sprachen der Liebe* unglaubliche, positive Veränderungen in ihrer Beziehung erlebt. Wenn Sie sich ausführlicher mit den *Fünf Sprachen der Liebe* beschäftigen wollen, finden Sie mehr Informationen in meinem Buch[5]. Wenn Sie regelmäßig die Sprache der Liebe des anderen sprechen, schaffen Sie ein positives Klima, in dem Sie beide mit Unterschieden besser umgehen können.

„Manchmal wollte ich einfach nicht mehr leben"

Seelsorger fragen aus gutem Grund nach der „Ursprungsfamilie" der Menschen, die bei ihnen Rat suchen. Wie wir aufgewachsen sind, prägt uns nachhaltig. Für John und Sharon gilt das in besonderem Maß.

---

5   Gary Chapman, *Die fünf Sprachen der Liebe – Wie Kommunikation in der Partnerschaft gelingt.* Verlag der Francke-Buchhandlung GmbH, Marburg, 33. Auflage 2016.

Sharon stammt aus einem behüteten Elternhaus und war bei ihrer Eheschließung zwar sehr naiv, aber in sich gefestigt und ausgeglichen – so beschreibt sie sich selbst. „Bis ich heiratete, wohnte ich noch bei meinen Eltern. Ich war fünfundzwanzig, innerlich aber eher vierzehn und voller rosaroter Mädchenträume. Ich wusste nicht, dass man schlaflose Nächte hat, wenn man ein Baby bekommt. Ich konnte mir einfach nicht vorstellen, dass mir etwas Schlimmes zustoßen könnte."

Ganz anders klingt John: „Ich bin, bildlich gesprochen, auf einem schmalen Felsvorsprung an einem stürmischen Abgrund groß geworden. Ich erlebte niemals Stabilität, niemals Sicherheit. Wenn mir einmal etwas Gutes passierte, konnte ich sicher sein, dass das Schlechte nicht lang auf sich warten ließ."

Im Lauf der Jahre zogen John und Sharon drei Söhne groß und versuchten, bei aller Verschiedenheit gute Kompromisse und Gemeinsamkeiten zu finden. Zum Beispiel suchte Sharon im Bibelgespräch nach „geistlicher Nahrung", während John alles hinterfragte: „Warum nur, warum, warum?" John versuchte, seinen Stress mit Dauerläufen in den Griff zu bekommen. Am Anfang ihrer Ehe kamen sie überein, dass er Sharon trainieren sollte. Dieses Arrangement war allerdings nur von kurzer Dauer.

Als ihre Söhne auszogen und heirateten, mussten sie sich auf noch größere Einschnitte einstellen. Nachdem John jahrzehntelang in seinem Beruf gearbeitet hatte, verlor er seine Stelle.

„Alle haben uns erzählt, dass es besser wird, wenn man fünfzig wird. Das sollen die guten Jahre sein", meint John. „Ach wirklich? Bei uns lief alles anders als erwartet."

Sharon war angesichts dieser neuen Niederlage wie benommen. „Wenn uns das Leben unfair behandelt, wie macht man dann weiter,

> *Wenn uns das Leben unfair behandelt, wie macht man dann weiter, wenn man einfach nicht mehr kann?*

wenn man einfach nicht mehr kann? Manchmal wollte ich einfach nicht mehr leben. Es war sehr schwierig. Menschen, denen noch nie etwas Schreckliches zugestoßen ist, verstehen nicht, dass dem niemand entgehen kann. Ich war in einem behüteten Elternhaus aufgewachsen und ich war erschüttert. Aber John ließ sich von nichts schockieren."

Sharon war zornig, John jedoch hauptsächlich von sich selbst enttäuscht, weil er glaubte, dass der Mann seine Familie versorgen muss. Die Spannungen verschärften sich. „John fiel es schwer, mit mir umzugehen." Dass die beiden so unterschiedlich waren, war für einen großen Teil des Problems verantwortlich.

Dass die beiden so unterschiedlich waren, war für einen großen Teil des Problems verantwortlich.

Er sagt: „Mir gefällt dieses Geben und Nehmen." Sie erwidert: „Mir nicht!"

Sharon ist in Johns Augen stark und leidenschaftlich, während er für sie die Stimme der Vernunft verkörpert. Sie ist „ein Gegengewicht für ihn" und er sorgt dafür, dass „sie auf dem Teppich bleibt" – so beschreiben sie ihre Beziehung.

Sharon erklärt, dass sie in den vergangenen sechs Jahren, die so viele Probleme mit sich brachten, sich der Nähe Gottes bewusster geworden ist, weil sie auf ihn sehen und ihr Denken verändern musste. Vor Jahren hatte sie einen Artikel gelesen, der sich mit den Gründen befasste, warum ein Paar auch nach vielen Jahren Ehe zusammenbleibt. Dazu waren Paare befragt worden, die schon lange verheiratet waren.

„An die Schlussfolgerung kann ich mich immer noch erinnern. Die Paare sagten: ‚Das liegt daran, dass wir nicht aufgegeben haben.'" Sharon fügt hinzu: „Nachdem ich diese schweren Jahre durch-

Ganz egal, wie gut oder wie schlecht eine Situation aussieht: Sie wird sich verändern.

gestanden habe, habe ich endlich eins gelernt: Ganz egal, wie gut oder wie schlecht eine Situation aussieht: *Sie wird sich verändern.*"

Bilderbuchbeispiele für Gegensätze, die sich anziehen

Hin und wieder lernt man ein Paar kennen, das wirklich Gegensätze in sich vereinigt. Andy und Phyllis sind ein solches Beispiel. Phyllis ist groß gewachsen, voller Tatendrang, lächelt oft und hat leuchtend rote Haare. Andy sieht wie ein ehrwürdiger Professor aus. Sein Bart wird allmählich grau und hin und wieder hat er ein Zwinkern in den Augen. Gemeinsam leiten sie Seminare für Studenten und es macht ihnen sichtlich Spaß, über ihre Unterschiede zu sprechen.

Andy macht den Anfang mit einem kurzen Monolog und einem leicht geistesabwesenden Professorenblick:

Phyllis und ich sind ein Bilderbuchbeispiel dafür, dass sich Gegensätze anziehen.
Sie ist extrovertiert. Ich bin introvertiert.
Phyllis engagiert sich für diese Welt.
Ich denke über die Welt nach.
Phyllis findet jeden Menschen, den sie kennenlernt, faszinierend und interessant.
Ich finde mein Wörterbuch faszinierend und interessant.
Phyllis kann wunderbare Gespräche führen und sogar einen Zaunpfahl zum Reden bringen.
Ich bin der Zaunpfahl.

Der letzte Satz bringt alle zum Lachen, denn man kennt Phyllis' Energie und ihre menschliche Wärme. Und wenn die Studenten hören, dass die beiden seit fast vierzig Jahren verheiratet sind, können sie das fast nicht glauben und applaudieren

> *Jeder von ihnen hegt die persönliche Hoffnung, dass Paare verheiratet bleiben und ihnen das auch noch gefällt.*

unweigerlich. Diese jungen Menschen sind sich bewusst, dass viele Ehen scheitern, doch jeder von ihnen hegt die persönliche Hoffnung, dass Paare verheiratet bleiben und ihnen das auch noch gefällt.

Andy und Phyllis erzählen den Studenten, dass es völlig in Ordnung ist, wenn man sich von einem Menschen angezogen fühlt, der ganz anders ist als man selbst. Wichtig ist es, dass man gemeinsame Werte hat.

Solche Unterschiede können allerdings Probleme verursachen, die eine Ehe zerstören, und brauchen daher eine „Sonderbehandlung". Andy schätzt, dass sie unterm Strich zwanzig Jahre brauchten, um über ihre Unterschiede zu reden und Lösungen auszuhandeln. „Wenn wir richtig streiten, möchte Phyllis sofort schlichten. Aber ich brauche Zeit und Raum, um mich zu beruhigen. Ich will nicht aus meiner Wut heraus reagieren."

Wie konnten sie sich einander annähern? „Da sind zwei Dinge geschehen", erklärt Andy. „Phyllis hat gemerkt, dass ich irgendwann auf sie zukomme und wir eine Lösung finden. Und ich habe mit der Zeit gelernt, schneller wieder auf sie zuzugehen."

Phyllis fügt hinzu: „Ich habe begriffen, dass er wirklich Angst davor hat, er könnte etwas sagen, das er hinterher bereut."

„Wir kennen hitzige Auseinandersetzungen", sagt Andy, „aber wir haben einander nie beleidigt."

> *Sich mit den Unterschieden auseinanderzusetzen ist von wesentlicher Bedeutung, aber es ist genauso wichtig, Gemeinsamkeiten zu finden und zu bekräftigen.*

Sich mit den Unterschieden auseinanderzusetzen ist von wesentlicher Bedeutung, aber es ist genau so wichtig, Gemeinsamkeiten zu finden und zu bekräftigen. Obwohl Andy und Phyllis in mancher Hinsicht ganz unterschiedlich sind, sind sie beide zielstrebig und gut organisiert.

Wir fragen sie, wie ihre Kinder sich zu ihren Unterschieden äußern, und Andy entgegnet sofort: „Ich habe bei ihnen den Spitznamen I-Ah, so wie der Esel aus *Pu der Bär*. Sie nennen mich immer so."

Ein passender Gegensatz, so scheint es: die quirlige Phyllis und der melancholische I-Ah. Doch Andys Lächeln und sein schräger Humor machen ihn zu einem viel komplexeren Charakter als die Figur aus *Pu der Bär*. Seine Tochter sagte einmal: „Mein Vater ist der bedächtigste Mensch, den ich kenne. Er tut keinen Schritt, ohne zu überlegen."

Diese Eigenschaft kann dazu beitragen, Probleme zu vermeiden, anderseits aber auch zu Konflikten mit einem sehr spontanen Partner führen. Aus diesem Grund entschieden sich Andy und Phyllis, eine Familienkultur einzuführen, die von Offenheit geprägt ist. Phyllis gehört zu der seltenen Spezies Mensch, die sich gern einmal auf den Arm nehmen lässt. Sie lächelt, als Andy uns erzählt, er sei auf eine eigenartige, aber perfekt zutreffende Bedeutung ihres Namens gestoßen: „Phyllis – glücklich, aber chaotisch".

„Ich bin ein Tollpatsch", räumt sie ein.

Was können wir daraus lernen? Ob ein Paar nun wirklich gegensätzlich ist wie Andy und Phyllis oder einfach unterschiedlich wie Sharon und John: *Wenn die Bereitschaft, den anderen anzunehmen, groß genug ist, trägt sie weit.* Unterschiede können eine Ehe untergraben oder stärken. Hin und wieder mal gemeinsam lachen und etwas Arbeit investieren, um zu verstehen, wie der andere geliebt werden möchte: Wenn die Bereitschaft, den anderen anzunehmen, groß genug ist, trägt sie weit.

Einheit, nicht Einheitlichkeit

Unterschiede können tödlich sein, aber man kann sich auch daran freuen. Ich (Gary) habe bereits erwähnt, dass meine Frau kein Morgenmensch ist. Neulich habe ich sie jedoch um sieben Uhr morgens in der Küche entdeckt, zum ersten Mal, nachdem unsere Kinder ausgezogen sind, um zu studieren. Zuerst stieß ich mir den Kopf an der Küchenschranktür, die sie offen gelassen hatte, und dann rammte ich meinen Ellenbogen in die Klappe des Mikrowellengeräts, das sie ebenfalls offen gelassen hatte. Ich drehte mich um, um mir ein Messer für meine Grapefruit zu holen, und rempelte dabei meine Frau an. Ich entschuldigte mich und meinte dann in aller Aufrichtigkeit: „Weißt du, Liebling, eigentlich bin ich ganz froh, dass du kein Morgenmensch bist."

In diesem Moment begriff ich, wie sich meine Haltung in dieser Frage über die Jahre geändert hatte. Früher hatte ich bedauert, dass Karolyn frühmorgens nicht wie ich aus dem Bett springt. Ich erkannte plötzlich, wie sehr ich es genoss, zusammen mit Gott zu frühstücken (er ist immer wach). Ich freue mich darüber, dass ich vorhersagen kann, welche Schranktüren offen stehen – nämlich nur die, die sich selbst aufgemacht habe – und welche Schubladen auf sind – nämlich nur die, die ich selbst aufgemacht habe. Inzwischen akzeptiere ich unsere Unterschiede nicht nur, sondern freue mich daran.

Unterschiede sind letztlich darin begründet, dass wir Geschöpfe Gottes sind. Gott ist unendlich kreativ. Wir sind von Gott geschaffene Originale. Keine zwei seiner Geschöpfe gleichen sich aufs Haar. In der Bibel heißt es, dass zwei Menschen in der Ehe ein Fleisch werden. Doch dieses Einswerden bedeutet nicht Uniformität, sondern Einheit. Gott wollte nicht, dass wir uns gleichen

> *Wir sind von Gott geschaffene Originale. Keine zwei seiner Geschöpfe gleichen sich aufs Haar.*

wie ein Ei dem anderen. Unterschiede gibt es, damit wir uns ergänzen und einander stärken, um Christus noch besser dienen zu können.

Leider wurden in der harten Realität manche Ehepaare von ihren Unterschieden fast in den Wahnsinn getrieben. Das lag sicherlich nicht in Gottes Absicht. Unterschiede gehören zu Gottes Plan. Der Schlüssel liegt darin, unsere Unterschiede als Bereicherung zu verstehen, nicht als Last, sodass sie für uns und nicht gegen uns arbeiten.

Der Schlüssel liegt darin, unsere Unterschiede als Bereicherung zu verstehen, nicht als Last.

Wir möchten Ihnen vorschlagen, dass Sie eine Liste all der Unterschiede erstellen, die Sie im Lauf der Jahre aneinander entdeckt haben. Dann stellen Sie sich die folgenden Fragen:

1. Welche dieser Unterschiede sorgen in unserer Beziehung immer noch für Spannungen?
2. Welche dieser Unterschiede haben wir beim anderen akzeptiert?
3. Welche empfinden wir heute wirklich als Bereicherung?
4. Welche Schritte können wir gehen, um uns an unseren Unterschieden zu freuen?

Die folgende Liste von Persönlichkeitsunterschieden kann Ihnen dabei helfen, Ihre eigene Liste zu erstellen.[6]

---

6 Gary Chapman, *Now You're Speaking My Language*, Nashville 2007, S. *141*.

1. Totes Meer	Sprudelnder Bach
Behält Gedanken und Gefühle für sich. Redet wenig.	Bei diesen Menschen steht der Mund nicht still. Was immer sie hören, sehen oder denken, sprechen sie aus.
2. Rotkehlchen	Eule
Steht früh auf, ist hellwach und zwitschert fröhlich: „Der frühe Vogel fängt den Wurm."	Nachts hellwach, aber wenn der Morgen graut, hängt ein „Bitte nicht stören"-Schild an der Tür.
3. Zupackend	Passiv
„Komm, das holen wir uns." – „Wir sorgen dafür, dass das auch passiert." – „Nutze den Tag."	„Warten wir doch ab, bis es passiert." – „Wenn man geduldig wartet, bekommt man alles."
4. Ordnungsfanatiker	Chaoten
„Ordnung ist das halbe Leben", lautet ihr Motto.	„Wo hab ich das denn hingelegt?", lautet ihre häufigste Frage.
5. Planer	Der spontane Typ
Plant im Voraus und kümmert sich um jedes Detail.	„Vergeude deine Zeit nicht mit Planen. Um die Details kümmern wir uns, wenn es so weit ist."

6. Der Schmetterling Flattert von Veranstaltung zu Veranstaltung. Das Leben ist eine Party!	**Der Waschbär** „Können wir heute nicht zu Hause bleiben? Ich bin müde."
7. Der Professor „Denken wir das in Ruhe durch." – „Lass uns noch mal darüber nachdenken."	**Der Tänzer** „Ich weiß nicht, warum – ich tu es einfach!" – „Warum muss ich für alles einen Grund haben?"
8. Erste Klasse „Es kostet nur fünf Euro mehr, in der ersten Klasse zu fahren. Wir haben uns das verdient."	**Zweite Klasse** „So können wir eine Menge Geld sparen und wir haben es doch bequem genug."
9. Der Leser „Warum sollte ich Zeit mit Fernsehen verschwenden, wenn es doch so viele gute Bücher gibt, die ich noch lesen kann?"	**Der Fernsehsüchtige** „So kann ich mich am besten entspannen." – „Ich lese nicht gern." – „Eigentlich schaue ich gar nicht so viel fern."
10. Der Symphonieliebhaber „Bravo, bravo!" – „Sein Opus 12 in a-Moll ist einfach wunderbar."	**Der Countrymusic-Fan** „Das ist richtige Musik, sie erzählt eine Geschichte." – „Hör dir nur mal das Banjo an."

11. Der Läufer Trainiert ständig. „Mein Ziel ist der Marathon. Ob es regnet oder die Sonne scheint – ich bin dabei."	**Der Spaziergänger** „Ich ruiniere mir doch nicht meine Knie durch Sport. Und ich will die Landschaft genießen, deshalb gehe ich spazieren."
12. Der Zapper „Warum meine Zeit mit Werbung verschwenden? Ich kann drei Sendungen gleichzeitig sehen, wenn ich bei Werbung umschalte."	**Der Werbeblockgucker** „Können wir uns nicht auf eine Sendung konzentrieren, statt drei nur teilweise zu sehen? Außerdem können wir uns in den Werbeblöcken doch unterhalten."

3

Kinder in der Krise

Ein Ehepaar, mit dem wir sprachen, erzählte uns folgenden Witz:

> *Ein Rechtsanwalt war überrascht, als eines Tages ein Ehepaar in seiner Kanzlei saß, beide weit über neunzig. Er fragte, warum sie gekommen waren.*
> *„Wir wollen uns scheiden lassen."*
> *Ratlos kratzte sich der Anwalt am Kopf. „Aber warum wollen Sie in Ihrem Alter denn die Scheidung?", fragte er. „Warum jetzt?"*
> *Die beiden schauten einander an, lächelten und erwiderten: „Ach, wir haben nur gewartet, bis die Kinder tot sind."*

Wir lachten, als wir diesen Witz hörten. Warum fanden wir ihn komisch? Vielleicht, weil ein Körnchen Wahrheit darin steckt? Denn ganz egal, wie alt unsere Kinder sind; egal, wie alt wir selbst sind – wir Eltern hören niemals auf, uns für unsere erwachsenen Kinder verantwortlich zu fühlen. Wir leiden mit ihnen und für sie.

Natürlich bedeuten erwachsene Kinder nicht nur Krisen und Stürme. Viele von uns erleben die Beziehung zu ihren erwachsenen Kindern als sehr erfüllend. Die anstrengende

> *Viele von uns erleben die Beziehung zu ihren erwachsenen Kindern als sehr erfüllend. Aber so entwickelt es sich nicht immer.*

Pubertät ist vorbei. Wir müssen keine BAföG-Anträge mehr ausfüllen und endlose Bescheinigungen fotokopieren. Es freut uns, wenn unsere Kinder einen erfüllenden Beruf gefunden haben, mit dem richtigen Partner glücklich werden, im Glauben wachsen, sich überhaupt gut in der Welt zurechtfinden und vielleicht sogar nebenan wohnen, sodass wir die Zeit mit den Enkelkindern genießen können.

Aber so entwickelt es sich nicht immer.

Eine Mutter gestand, dass sie sich große Sorgen um ihre erwachsenen Kinder machte, und erzählte mir, dass ihre Tochter sie häufig anrief, wenn sie sich mit ihrem Mann stritt. „Sie erzählt mir dann, mit welchen Worten er sie verletzt hat. Das regt mich so auf, dass ich anschließend kaum einschlafen kann. Aber wenn ich sie das nächste Mal sehe, haben sie sich wieder vertragen, und alles ist gut."

Mütter hören niemals auf, sich Sorgen zu machen. Jenny, Mutter von vier erwachsenen Kindern, sagt: „Ich möchte, dass sie glücklich sind." Am meisten sorgt sie sich um ihren Sohn, Mitte dreißig, der in seinem momentanen Job unglücklich ist, aber es offenbar nicht schafft, den richtigen Platz im Leben zu finden. „Das lähmt ihn richtiggehend", sagt Jenny. Außerdem macht sie sich viele Gedanken um ihre zweiunddreißigjährige unverheiratete Tochter. „Ich denke an die biologische Uhr ..."

„Wir wussten nicht, ob wir es schaffen würden"

In der Ehe von David und Pamela lief es gerade richtig gut. Die Auseinandersetzungen um unterschiedliche Erziehungsstile und drei anstrengende Umzüge lagen lange hinter ihnen.

Doch eine unerwartete Diagnose wühlte das ruhige Fahrwasser auf. Einer ihrer verheirateten Söhne, der selbst eine kleine Tochter hatte, erfuhr, dass er erblinden würde. Er war leidenschaftlicher Sportler und diese Aussicht zerstörte ihn am Boden. Er konnte es einfach nicht akzeptieren.

David schildert uns diese Zeit: „Es war eine Zeit der tiefen Trauer. Ich hatte nicht das Gefühl, irgendetwas tun zu können. Ich fühlte mich dem nicht gewachsen, wollte aber etwas tun. Ich war hilflos und unfähig und das machte mich wütend."

Pamela ergänzt: „Ich aß normal, verlor aber an Gewicht. Wenn ich David beobachtete, hatte ich das Gefühl, als würde gerade alles auseinanderbrechen. Ich konnte darüber nicht sprechen."

„Wir waren völlig am Boden", meint David. „Ein oder zwei Jahre beschäftigte uns das sehr. Wir wussten nicht, ob wir es schaffen würden."

„Und was half dann?", fragen wir nach.

„Zeit", erwidert Pamela. „Man muss einfach durchhalten."

David erinnert sich an den entscheidenden Wendepunkt, als sein Sohn den Mut aufbrachte, sich dem Verlust seiner Sehkraft zu stellen. „Sein Mut brachte uns dazu, die neue Normalität zu akzeptieren." Er hält inne. „Gleichzeitig erlebt man Augenblicke, in denen man sich sagt: ‚Das ist so traurig und unfair. Unser Sohn wird seine Tochter nicht heranwachsen sehen.'"

Davids und Pamelas Sohn muss immer noch lernen, mit seiner Blindheit zurechtzukommen. Trotz seiner Behinderung unternahm er vor Kurzem mit einem Begleiter eine Radtour über hundert Meilen. Außerdem versucht er, in der Familie so viele Aufgaben wie möglich weiterhin wahrzunehmen.

Diese Krise vertiefte die Beziehung von Pamela und David noch. Vor einiger Zeit bemerkte ihre Tochter: „Ihr beiden seid heute ein besseres Team als jemals zuvor."

„So fühlt es sich auch an", sagt Pamela. „Über viele Jahre

> *Die Ehe ist auf Langfristigkeit angelegt, sie ist ein Sakrament, das man nicht auf die leichte Schulter nehmen sollte.*

während unserer Ehe stand David an seinem Arbeitsplatz unter großem Stress. Manchmal dachte ich sogar: ‚Allein würde ich es besser schaffen.‘ Aber heute geht es uns gut."

„Die Ehe ist auf Langfristigkeit angelegt", ergänzte David. „Sie ist ein Sakrament, das man nicht auf die leichte Schulter nehmen sollte. Es macht Freude zurückzublicken. Die Ehe ist nicht ohne Grund etwas Langfristiges."

„Wir sahen die Trennung schon lange kommen ..."

Es gibt wenige Dinge, die Eltern so sehr erschüttern wie eine Ehekrise ihrer Kinder. Wir kennen die frustrierenden Statistiken. Viele von uns haben Geschwister oder Freunde, die nach einer Scheidung wieder geheiratet haben. Aber wenn unsere Kinder so etwas durchmachen, ist das eine ganz andere Geschichte. Eine Frau erzählte: „Als sich bei unserer Tochter und ihrem Mann Eheprobleme abzeichneten, war ich auch deshalb traurig, weil ich das Gefühl hatte, dass wir als Rollenvorbild für eine gesunde Ehe versagt hatten. Und wir kannten gleichaltrige Leute, bei deren Kindern alles nach Plan lief. Sie heirateten jung und bekamen Kinder und alles war perfekt. Das war schwer für uns."

Wir baten einige Paare, deren Kinder sich haben scheiden lassen, uns von ihren Erfahrungen und Einsichten zu erzählen:

* *Vor einigen Jahren hatten wir mit ernsthaften gesundheitlichen Problemen zu kämpfen. Deshalb entschlossen wir uns, quer durchs Land umzuziehen, damit wir in der Nähe unserer Tochter wohnen würden, wenn wir einmal ins Pflegeheim gehen*

müssten. Wir hatten keine Ahnung, dass ihr Mann Alkoholiker war, und eine Zeit lang hatte sie es auch nicht gewusst. Aber auf seinen Jagdausflügen wurde immer getrunken und irgendwann sahen ihn unsere Enkel regelmäßig tagsüber zu Hause trinken. Unsere Tochter fragte uns nicht um Rat, als sie sich scheiden ließ, aber wir verstanden, dass sie kaum eine Wahl hatte. Seitdem sind fünf Jahre vergangen. Unser Gesundheitszustand hat sich gebessert und wir versuchen uns gegenseitig zu motivieren, um aktiv zu bleiben. So sind wir immer noch in der Lage, unserer Tochter mit den Kindern zu helfen und sie zu Sport- und Schulveranstaltungen zu begleiten. Wegen der Scheidung sind wir sehr traurig, aber wir sagen uns, dass wir keine Enkel hätten, wenn es nie zu dieser Ehe gekommen wäre. Der Vater tut uns leid, weil ihm all das Wundervolle entgeht, was wir mit unseren Enkeln erleben. Wir empfinden es als Vorrecht, sie begleiten und unterstützen zu dürfen.

- *Wir hatten zu unserem Sohn und unserer Tochter immer eine hervorragende Beziehung und mögen auch ihre Ehepartner sehr. Das hat sich nicht geändert und wir verstehen auch, warum sie sich haben scheiden lassen. Aber für uns ist das schwierig. Wir hatten nie gedacht, dass es so weit kommen würde ... Wir bemühen uns, auf das zu blicken, wofür wir dankbar sind. Trotz ihrer Schwierigkeiten sind alle vier Eltern jederzeit für ihre Kinder da und sie kommen auch miteinander gut zurecht. Wir verbringen viel Zeit mit ihnen allen, wir lieben sie und greifen ihnen unter die Arme. Wir investieren viel in unsere Kinder, ihre Expartner und unsere Enkel.*

- *Wir sahen die Trennung schon lange kommen. In mancher Hinsicht ist es besser, dass sie nun allein leben und es einigermaßen funktioniert. Wir sind entschlossen, dass die Trennung nicht wie eine dunkle Wolke über uns hängen soll, sondern dass wir stark und gesund bleiben. Wenn wir das schaffen, können wir als liebevolle und stabile Großeltern für alle Beteiligten da sein. Wir arbeiten weiter an unserer eigenen Ehe, um sie zu stärken. Wir wollen nicht immer auf dem Negativen herumreiten, sondern uns über das Gute in unserem Leben freuen.*

„Hört endlich auf, mich zu bevormunden!"

Wir sind Eltern, wir bleiben immer Eltern. Nicht selten ist es so, dass in dem Augenblick, wo wir uns selbst größeren Veränderungen stellen müssten – wenn wir beispielsweise mit gesundheitlichen Problemen, einer neuen Stelle oder einfach dem Nachlassen unserer Kräfte zu kämpfen haben –, uns unsere Kinder dringend brauchen. Ein Ehepaar wurde mitten in der Nacht von einem ihrer Söhne angerufen, der mit einem Mitbewohner in einen Streit geraten war. Sogar seine Freunde hatten sich gegen ihn gestellt und man hatte die Polizei gerufen. Es dauerte lange, bis seine Eltern wieder einschlafen konnten. Der nächste Tag war schwer und frustrierend. Sie versuchten zu helfen, obwohl sie weit entfernt von ihrem Sohn wohnten, und fragten sich, ob sie weise reagiert hatten.

Viele Werte und Moralvorstellungen in unserer Gesellschaft verändern sich.

Viele Werte und Moralvorstellungen in unserer Gesellschaft verändern sich. Die sogenannte Generation Y[7] wendet sich häufig vom Glauben ab. Eine sehr lasche Sexualmoral beunruhigt auch diejenigen unter uns, die im Zeitalter der „freien Liebe" volljährig wurden. Die Konflikte, die Greg und Lisa mit ihrer Tochter Sarah austrugen, sind ein trauriges Beispiel dafür.

---

7   Darunter versteht man in der Soziologie die Generation derer, die ca. zwischen 1980 und 1999 geboren wurden (auch „Millenials" genannt).

Lisa und Greg wuchsen beide als Missionarskinder auf und waren schon seit ihrer Jugend befreundet. „Wir wurden so erzogen, dass wir die Grenzen respektierten, die unsere Eltern uns setzten. Wir wussten, dass diese Grenzen uns schützen, nicht einschränken sollten. Unsere Tochter Sarah betrachtete sie dagegen als Strafmaßnahme. Als Teenager kam sie über das Internet mit atheistischen Weltanschauungen in Kontakt. Für ihre Freunde war es auch völlig in Ordnung, Sarah mitten in der Nacht anzurufen oder ihr um drei Uhr morgens eine Nachricht zu schicken. Bei uns zu Hause galt das Motto: ‚Nach Mitternacht geschieht nichts Gutes.' Natürlich gibt es Ausnahmen, aber uns war klar, dass man Probleme förmlich einlädt, wenn man ständig diese Grenzen strapaziert."

Sarah sah das anders. Mit vierzehn teilte sie ihren Eltern mit: „Ihr habt eure Aufgabe als Eltern gut erledigt, aber jetzt will ich mich von euch nicht mehr bevormunden lassen. Ich habe es nicht nötig, dass ihr kontrolliert, was ich im Internet mache; dass ihr mir vorschreibt, was ich anzuziehen habe; dass ihr immer wissen müsst, wo ich bin; oder dass ihr euch Sorgen macht, welche Freunde ich habe."

Greg erwiderte: „Großartig, Sarah. Wo willst du denn wohnen?"

Ihre Antwort: „Nach dem Gesetz seid ihr verpflichtet, für mich zu sorgen, bis ich achtzehn bin. Ich will bloß nicht, dass ihr mir vorschreibt, was ich zu tun habe."

Greg und Lisa wussten, dass sie Rat brauchten, und fanden eine Seelsorgerin, die ihnen helfen konnte. Auch Sarah nahm an den Gesprächsterminen teil, die von der zehnten Klasse an bis zu ihrem ersten Collegejahr stattfanden. Im Rückblick sagt Lisa dankbar über ihre Seelsorgerin: „Carol hat unserer Familie das Leben gerettet." Trotzdem traf Sarah immer noch ihre eigenen Entscheidungen und überschritt Grenzen. Manchmal gab es Anlass zur Hoffnung, noch häufiger aber Rückschläge.

Ausgerechnet in einer Phase, als Greg und Lisa gerade zaghaft Hoffnung geschöpft hatten, weil Sarah den Schlussstrich unter eine ungesunde Beziehung gezogen und wieder zum Glauben gefunden hatte, kam sie in Tränen aufgelöst zu ihren Eltern. Sie sagte, sie sei möglicherweise schwanger, wobei in der betreffenden Nacht Alkohol im Spiel gewesen sei.

An dem Tag, als die Schwangerschaft vom Frauenarzt bestätigt wurde, weinten und beteten alle drei zusammen und lasen viel in der Bibel. Sie fanden Trost in vielen Versen, zum Beispiel in diesen Worten: „Doch sehnt sich der Herr danach, euch gnädig zu sein. Bald wird er zu euch kommen und sich wieder über euch erbarmen, denn er ist ein gerechter Gott. Wie glücklich sind alle, die auf seine Hilfe warten!"[8] oder in diesem Psalmwort: „Zeige mir schon früh am Morgen, dass du es gut mit mir meinst, denn ich vertraue dir. Ich brauche dich! Zeige mir, wohin ich gehen soll"[9].

Lisa und Greg mussten sich auf einen heiklen Balanceakt einrichten. Sarah wollte nicht, dass ihre Eltern irgendjemandem von ihrer Schwangerschaft erzählten. Doch am Ende des dritten Schwangerschaftsmonats erklärten sie ihr, dass Sarahs Geschichte auch ihre Geschichte sei und sie ihren engsten Freunden davon erzählen wollten. Widerstrebend erklärte Sarah sich einverstanden. Gemeinsam gingen sie diesen schweren Weg weiter.

Greg erzählt uns: „Zwei Menschen könnten nicht unterschiedlicher sein als Lisa und ich." Lisa als „außergewöhnlich gute Zuhörerin und einfühlsame Stimme der Vernunft" und er selbst, der „rational, aber manchmal zu direkt" ist, verbrachten viele Stunden im Gespräch. „Es gab so viel, das wir bedenken und verstehen mussten. Wir räumten einander die Freiheit ein zu trauern, zu weinen und nachzudenken. Wir beteten zusammen, auch mit Sarah."

Schon früh merkten Lisa und Greg, dass sie die Entschei-

---

8   Jesaja 30,18; Hoffnung für alle.
9   Psalm 143,8; Hoffnung für alle.

dung, ob sie das Baby behalten oder zur Adoption freigeben sollten, ihrer Tochter überlassen mussten. „Sie fragte uns nie nach unserer Meinung und wir behielten sie auch für uns. Andernfalls hätte sie fünf Jahre später vielleicht gesagt: ‚Eigentlich war das gar nicht meine eigene Entscheidung.‘ Sarah musste ganz und gar dahinterstehen."

Darüber hinaus beteten Greg und Lisa auch um Weisheit, wie sie vor ihrer Gemeinde mit ihrer Situation umgehen sollten. Was dann aber als Nächstes geschah, hatte eine solch erlösende Kraft, dass es alle ihre Vorstellungen überstieg.

Sarah traf sich mit zwei ihrer Pastoren. Daraus resultierte ein weiteres Treffen mit ihrer Familie und etlichen Freunden aus der Gemeinde. Nachdem Sarah von ihrer Situation erzählt hatte und zunächst eine Weile Schweigen herrschte, ergriff ein Professor, der an einem nahe gelegenen College unterrichtete, das Wort. Er erzählte, wo er selbst versagt hatte, und sagte zu Sarah: „Ich bin so zerbrochen wie du."

> *Einer nach dem anderen bekannte seine eigene Zerbrochenheit und sprach von Gottes Barmherzigkeit, Gnade und Liebe.*

Einer nach dem anderen bekannte seine eigene Zerbrochenheit und sprach von Gottes Barmherzigkeit, Gnade und Liebe. Dann baten sie Sarah, sich auf einen Stuhl zu setzen, legten ihr die Hände auf und beteten für sie. Greg weinte. Lisa erinnert sich an diesen Augenblick als „ein wunderbares Geschenk. Wir erlebten, dass unsere Gemeinde ein Ort ist, an dem man Zuflucht findet."

Später stand Sarah vor der versammelten Gemeinde, dankte ihnen für die Liebe, die sie erfahren hatte, und teilte ihnen mit, dass sie mit einer Adoptionsagentur in Verbindung stand. Dann fuhr sie fort: „Gott hat diese Situation zum Guten gewendet und mir vergeben. Wie aber kann ich weiterleben, ohne meine Handlungsweise und die Konsequenzen daraus zu bedauern? Ich bin nicht sicher, ob das möglich ist.

Die Menschen, die ich verletzt habe, um Vergebung zu bitten – das erfordert eine Demut, die ich nicht habe. Mir selbst zu vergeben erfordert Gnade und Barmherzigkeit, die ich nicht aufbringen kann."

In den folgenden Monaten aber lernte Sarah, Gott zu vertrauen, und er gebrauchte diese Erfahrung, um ihre Beziehung zu ihm selbst und zu ihren Eltern zu erneuern und vielen Menschen Freude zu schenken.

Lisa erzählt uns, wie sehr sie sich in Elisa Morgans Buch *The Beauty of Broken* („Die Schönheit des Zerbrochenen") wiederfand. Als sie uns ein Foto ihres Enkels zeigt, sagt uns ihr Lächeln, dass sie in ihrem Enkel die Schönheit der Treue Gottes sah.

Vom Umgang mit Schmerz

Im Lauf der Jahre habe ich (Gary) mit vielen Paaren geweint, die etwas Ähnliches wie Greg und Lisa erleben mussten – eine unverheiratete Tochter wurde schwanger oder ein Sohn hatte ein Mädchen geschwängert. Manchmal waren es auch die Großeltern, deren Enkelin nach Semesterschluss schwanger vom College nach Hause zurückkehrte oder deren Enkel zugeben musste, dass er in moralischer Hinsicht versagt hatte. Wie können wir als Eltern und Großeltern das Richtige tun, wenn unsere Kinder und Enkel das Falsche getan haben?

Ich möchte Ihnen einige Vorschläge machen:

1. *Geben Sie sich nicht selbst die Schuld.* Der erste Gedanke, der vielen Eltern durch den Kopf geht, lautet: „Was haben wir nur falsch gemacht?" Die Frage liegt nahe, weil wir uns als Eltern auch für unsere (fast) erwachsenen Kinder verantwortlich fühlen. Doch unsere Kinder sind eigenständige Persönlichkeiten. Wir können nicht die

Verantwortung für ihre Entscheidungen übernehmen. Wir können unsere Teenager und jungen Erwachsenen nicht vierundzwanzig Stunden pro Tag beaufsichtigen. Wenn ein Teenager erwachsen wird, hat er mehr Wahlmöglichkeiten als vorher. Entscheidungsfreiheit bedeutet auch, sich für etwas Falsches entscheiden zu können – mit allen schwerwiegenden Folgen.

2. *Vermeiden Sie Moralpredigten.* In aller Regel fühlen sich Ihre Kinder bereits schuldig. Sie wissen, wann sie mit ihrem Verhalten ihre Eltern verletzt haben. Sie sind sich bewusst, dass sie gegenüber den moralischen Richtlinien, die sie mit auf den Weg bekommen haben, versagt haben. „Warum hast du das getan?" – „Wie konntest du uns nur so etwas antun?" – „Ich kann's einfach nicht glauben, dass du so etwas Dummes getan hast." Solche Aussagen werden das Problem nur noch verschärfen und der Seele Ihrer Tochter oder Ihres Sohnes keine Heilung bringen.

3. *Versuchen Sie nicht, die Situation wieder in Ordnung zu bringen.* Die natürliche Reaktion vieler Eltern sieht so aus, dass sie die Auswirkungen minimieren wollen. Sie schalten in den „Schadenbegrenzungsmodus" und versuchen, ihren Sohn oder ihre Tochter zu beschützen. Meiner Meinung nach ist das keine kluge Reaktion. Junge Erwachsene müssen lernen, die Verantwortung für die von ihnen getroffenen Entscheidungen zu übernehmen.

4. *Schenken Sie Ihrem Sohn oder Ihrer Tochter Ihre bedingungslose Liebe.* Ihm oder ihr zuzugestehen, die Folgen des eigenen Versagens zu tragen, ist an sich schon ein Akt der Liebe. Denn wenn Sie das tun, haben Sie das

Wohlergehen Ihrer Tochter oder Ihres Sohns im Sinn – und das ist das eigentliche Wesen der Liebe. Sie kennen eventuell schon das Konzept der *Fünf Sprachen der Liebe*. Es besagt, dass jedem Menschen eine besondere Art der Kommunikation zu eigen ist, mit der er Liebe ausdrücken und annehmen kann.[10] Wenn Sie also die bevorzugte „Liebessprache" Ihres Kindes kennen, wäre jetzt der Zeitpunkt gekommen, laut und deutlich darin zu sprechen und auch die anderen vier Sprachen der Liebe so oft wie möglich einzusetzen. Das moralische Versagen Ihres Kindes führt zu Schuldgefühlen. Diese Emotionen sorgen dafür, dass Ihr Kind sich innerlich von Ihnen entfernt. Wie Adam und Eva sich im Garten vor Gott versteckten, versucht auch Ihr Sohn oder Ihre Tochter, sich vor Ihnen zu verstecken.

Daniel und Mila erzählten, dass ihr Sohn ihnen am Telefon gestanden hatte, dass er ein Mädchen geschwängert habe. Als er in den Semesterferien nach Hause kam, empfingen sie ihn an der Tür mit ausgebreiteten Armen. Sie umarmten ihn unter Tränen und sagten: „Wir lieben dich." Dann setzen sie sich hin und hörten zu, während er ihnen sein Fehlverhalten beichtete und sie um Vergebung bat.

5. *Hören Sie mit Empathie zu.* Empathisch zu sein bedeutet, sich in die Gefühle des anderen hineinzuversetzen. Versuchen Sie als Eltern, die Situation Ihres Kindes nachzuempfinden. Bemühen Sie sich darum zu verstehen, was zu diesem Fehlverhalten geführt hat, und auch, was Ihr Sohn oder Ihre Tochter in diesem Augenblick fühlt.

---

10 Ausführlicher in: Gary Chapman, *Die fünf Sprachen der Liebe für Teenager.* Marburg, Verlag der Francke-Buchhandlung GmbH, 2001.

6. *Bieten Sie Ihre Unterstützung an.* Sagen Sie Ihrem Kind, dass Sie sehr verletzt sind und die Konsequenzen nicht abwenden können; dass Sie aber trotzdem an seiner Seite stehen und es begleiten, wenn es sich mit den Folgen seines Fehlverhaltens auseinandersetzen muss.

7. *Geben Sie Ihrem Teenager oder jungen Erwachsenen Orientierung.* Wenn ich *Orientierung* sage, meine ich nicht *Manipulation.* Wenn die Eltern entscheiden, was zu tun ist, und ihr Kind dann überzeugen wollen, genau das zu tun, handelt es sich um Manipulation. Orientierung zu bieten bedeutet dagegen, Ihrem Sohn bzw. Ihrer Tochter dabei zu helfen, die Situation zu durchdenken und kluge Entscheidungen zu treffen, wenn sie sich den Konsequenzen ihres moralischen Fehlverhaltens stellen. Wie können Sie das tun? Sie können z. B. Ihrem Sohn oder Ihrer Tochter Fragen stellen und nicht gleich fertige Antworten servieren, damit Ihr Kind seine eigenen Gedanken sortieren und zu einer logischen Schlussfolgerung gelangen kann. Es ist Ihre Verantwortung als Eltern, dass Sie dem Teenager oder jungen Erwachsenen helfen, aus Fehlern zu lernen.

Wenn Sie das Gleiche erlebt haben wie Greg und Lisa, hoffen wir, dass Sie diese Vorschläge hilfreich finden.

Leben mit der Sucht: „Danke, dass du mich nicht aufgegeben hast"

Es gibt noch andere schlechte Entscheidungen, die Kinder und Enkel treffen und mit denen sie Eltern und Großeltern großen Kummer bereiten. Wer ein Kind hat, das mit Abhängigkeit kämpft, trägt eine schwere Last. Einen drogenabhän-

gigen Sohn, eine alkoholkranke Tochter zu haben kann das
Leben für Sie als Eltern viele Jahre lang bestimmen. Sie haben das Gefühl, von einem Strudel in die Tiefe gerissen zu
werden, der Ihre Familie, Ihre Finanzen und Ihre Hoffnungen
zerstört. Dass Ihr Kind Sie immer wieder hintergeht, bringt
Sie schließlich zu der Erkenntnis, dass die Sucht stärker ist
als jedes Versprechen, das Ihr Sohn oder Ihre Tochter Ihnen
macht. Zwischen einer Krise und der nächsten kann nichts,
was Sie tun, irgendetwas daran ändern, dass Ihr Kind mit seinem Leben spielt.

Wenn man mit betroffenen Eltern spricht, wird bald klar,
dass dieses Problem zum beherrschenden Thema ihres Lebens geworden ist. In mancher Hinsicht ähnelt eine solche
Erfahrung dem Kriegstrauma eines Soldaten: Diese Elternpaa-
re erzählen, dass sie Jahr für Jahr auf einen Abgrund der
Verzweiflung hinsteuerten.

> *Die Menschen, mit denen wir sprachen, hielten die ganze Zeit an der Hoffnung fest.*

Doch die Menschen, mit
denen wir sprachen, hielten
die ganze Zeit an der Hoffnung fest. Durch Liebe und Gebet, mithilfe der Anonymen Alkoholiker und anderer Unterstützung schafften es viele ihrer Kinder trotz der ernüchternd
niedrigen Wahrscheinlichkeit, ein suchtfreies Leben zu führen.

Die Jahre auf dem Weg dorthin waren schwer. Immer wieder musste ein Sohn, eine Tochter in einer Krise stationär behandelt werden, und das kostete jedes Mal eine Menge Kraft,
Nerven und Geld. Unterschiedliche Diagnosen führten zu
Verwirrung, falscher Hoffnung und Enttäuschung. Mancher
Selbstmordversuch gelang beinahe. Manchmal schöpften diese Eltern Hoffnung, die letzten Endes doch wieder zerschla-
gen wurde, und ihr unaufhörliches Gebet schien keine Wirkung zu zeigen.

Trotzdem hielten diese Ehepaare durch, standen treu zu ihrem Kind und liebten es trotz aller Probleme.

Ein Sohn, inzwischen glücklich verheiratet und drogenfrei, sagte neulich zu seinen Eltern: „Danke, dass ihr mich nicht aufgegeben habt."

Wie schafften es diese Paare, nicht aufzugeben? Hier einige der Antworten, die wir gehört haben:

- *Wenn man so etwas erlebt, kann eine Ehe daran zerbrechen. Ganz egal, was passiert: Man muss sich bewusst dafür entscheiden, den Partner zu lieben und auf ihn einzugehen.*

- *Ich hörte eine sehr eindrückliche Predigt unter dem Thema: „Der König ist noch einmal am Zug". Darin wurde die Geschichte eines Schachexperten erzählt, der in einem Museum ein Gemälde mit dem Titel „Schachmatt" betrachtete. Er kam zu dem Schluss, dass das Bild entweder neu gemalt werden oder einen neuen Titel bekommen müsste, denn der König hatte noch einen Zug. Die Botschaft dieser Predigt für uns lautete: „Wir sind noch nicht schachmatt. Gott ist noch mindestens einmal am Zug, um für uns und unsere Familie einzutreten."*

- *Wir haben Bücher von anderen betroffenen Eltern gelesen. Das schenkte uns ein wenig Hoffnung. Wir lernten, dass es auch eine geistliche Übung ist, nicht alles an sich herankommen zu lassen.*

- *In dieser Zeit kam ich zu dem Entschluss, dass nicht meine Kinder, sondern meine Frau im Mittelpunkt meiner zweiten Lebenshälfte stehen sollte. Ich beschloss, noch mehr Zeit in unsere Ehebeziehung zu investieren.*

- *Ich wusste, dass uns manche Leute verurteilten. Die sagten zum Beispiel: „Ich verstehe das alles nicht, aber ihr seid offenbar keine guten Eltern." Ich machte mir große Vorwürfe, bis ich mit meinem Pastor darüber sprach. Er sagte: „Dein Sohn hat selbstständige Entscheidungen getroffen. Denk daran: Auch Adam hat im Garten Eden selbstständige Entscheidungen getroffen und das, obwohl er einen vollkommenen Vater hatte."*

Wie setzt man seinen Kindern Grenzen?

Als Eltern lieben wir unsere Kinder und wollen ihnen helfen. Doch wie viel können wir tun? Wie viel sollten wir tun? Kluge Eltern erkennen, dass ihre körperlichen, emotionalen und finanziellen Ressourcen Grenzen haben. Das größte Problem, das Eltern im Umgang mit ihrem erwachsenen Kind haben, liegt darin, dass sie erkennen müssen, wann sie auf eine Krise ihres Kindes überreagieren und sich zu sehr darauf einlassen. Vergessen Sie nicht: Ein wichtiges unserer Erziehungsziele besteht darin, dass unsere Kinder unabhängig werden. Wenn Sie zu früh und zu oft eingreifen, können Sie dem Prozess, der bei Ihrem Kind zur Reife führt, schaden. Ihre Rolle ist es, Ihr Kind zu lieben, es anzunehmen, ihm Mut zu machen und Orientierung zu bieten, wenn es darum bittet.

> *Ein wichtiges unserer Erziehungsziele besteht darin, dass unsere Kinder unabhängig werden.*

Für Eltern, deren Kinder eine Krise durchleiden, ist es wichtig, dass sie das Gleichgewicht zwischen Selbstschutz und Aufopferung bewahren. Sorgen Sie für Ihre Gesundheit und Ihr Wohlergehen, während Sie gleichzeitig versuchen, Ihren Kindern zu helfen. Tun Sie etwas für Ihre körperliche, emotionale und geistliche Gesundheit und konzentrieren Sie sich auf Ihre eigene Ehe.

Sie als Eltern werden vermutlich häufig nicht einer Meinung sein, was und wie viel Sie für Ihre erwachsenen Kinder tun sollten. Mein Rat dazu lautet: Wenn Sie einen Konflikt, der mit Ihren erwachsenen Kindern zu tun hat, nicht lösen können, sollten Sie Hilfe suchen. Ein christlicher Seelsorger oder Pfarrer

> *Wenn Eltern nicht einen Außenstehenden um Hilfe bitten, besteht die Gefahr, dass sie einander verlieren, während sie versuchen, ihre Kinder zu retten.*

wird wahrscheinlich in der Lage sein, Sie zu unterstützen, damit Sie eine gute Entscheidung treffen, hinter der Sie beide stehen können. Wenn Eltern nicht einen Außenstehenden um Hilfe bitten, besteht die Gefahr, dass sie einander verlieren, während sie versuchen, ihre Kinder zu retten. Viele Paare, die lange verheiratet waren, haben sich schließlich scheiden lassen, nachdem sie ihre Kraft in die Krisen ihrer erwachsenen Kinder investierten und dabei ihre eigene Beziehung vernachlässigten.

Freuen Sie sich an Ihren Kindern – und zeigen Sie Ihrem Ehepartner Ihre Liebe

Wir möchten dieses Kapitel positiv ausklingen lassen. In der Realität sieht es so aus, dass es unzählige Eltern gibt, die eine wunderbare Beziehung zu ihren erwachsenen Kindern haben. Karolyn und ich (Gary) erinnern uns oft gegenseitig daran, wie gesegnet wir sind, dass wir zwei erwachsene Kinder haben, die fest im Glauben stehen, glücklich verheiratet sind und mit Leidenschaft ihrer Berufung und ihrem Beruf nachgehen. Keines unserer Kinder oder Enkel lebt im selben Bundesstaat wie wir, doch wir telefonieren häufig oder schicken uns eine SMS. Wenn wir alle zusammen sind, freuen wir uns, dass wir zusammengehören.

Zu den großen Freuden des Lebens gehört es, wenn Kinder und Enkel leben, um anderen zu dienen. Der Apostel Johan-

> *Zu den großen Freuden des Lebens gehört es, wenn Kinder und Enkel leben, um anderen zu dienen.*

nes sagte: „Für mich gibt es keine größere Freude, als zu hören, dass alle, die durch mich Christen geworden sind, ihren Glauben aufrichtig leben."[11] Freuen Sie sich an Ihren Kindern und beten Sie für sie. Lassen Sie sie ihr eigenes Leben führen, während Sie Ihrem eigenen Ehepartner Ihre Wertschätzung und Liebe zeigen.

---

11   3. Johannes 4; Hoffnung für alle.

Jerry und Dianna Jenkins

„Immer noch fühle ich mich dort zu Hause, wo sie auch gerade ist"

Der bekannte Autor Jerry B. Jenkins hat oft von seiner Frau Dianna geschrieben, mit der er seit mittlerweile fünfundvierzig Jahren verheiratet ist. Sein Buch Hedges – Loving Your Marriage Enough to Protect it *(„Hecken – lieben Sie Ihre Ehe so sehr, dass Sie sie beschützen") ist ein in den USA sehr erfolgreicher christlicher Ehe- und Beziehungsratgeber. Darin zeigt Jerry Prinzipien auf, wie man eine Ehe vor Versuchungen schützen kann. Und viele Leser sind mit den Geschichten aus der Zeit vertraut, als seine Söhne noch klein waren: Jeden Abend, wenn er von der Arbeit kam, nahm er sich für sie Zeit und setzte sich erst zum Schreiben hin, wenn sie im Bett waren. Wir baten Jerry, uns seine Gedanken mitzuteilen, was nötig ist, um lebenslang „Liebende und Freunde" zu bleiben.*

Du hast geschrieben: „Liebe ist ein Willensakt. Liebe zeigt sich daran, wie man handelt." Wie sah das konkret im Lauf der Jahre aus, die du mit Dianna zusammen erlebt hast?

Ich bin ein unheilbarer Romantiker. Mein Vater war ein Kerl von einem Mann, ein Ex-Marinesoldat, der sich zum Polizeichef hochgearbeitet hatte. Aber er war auch ritterlich, ein Gentleman, ein dienender Mensch. In Hunderten von Gedichten, die er über einen Zeitraum von über sechzig Jahren an meine Mutter schrieb, bezeichnete er sie als die Herzdame seines Lebens. Seiner Männlichkeit tat es keinen Abbruch, das Geschirr abzuwaschen, den Fußboden feucht zu wischen oder Windeln zu wechseln (an diesem leuchtenden Beispiel muss ich mich bis heute messen lassen).

Mein Vater redete nicht besonders viel, aber sein stilles Vorbild lehrte mich, dass Worte – sogar geschriebene Worte – leer und hohl sein können. Seine Liebe zeigte er mit Taten.

In unserer Ehe ist Dianna diejenige, die härter im Nehmen und deutlich gesünder ist. Ob du es glaubst oder nicht: Während unser fünfundvierzigjährigen Ehe war Dianna nur ein paarmal länger als einen halben Tag nicht auf den Beinen – nach der Geburt unserer drei Kinder und nachdem sie sich vor zwanzig Jahren von einer Rückenoperation erholte. Keine Erkältung, keine Grippe oder irgendeine andere Krankheit.

Vor vielen Jahren schrieb ich ein Buch mit dem Titel *12 Things I Want My Kids to Remember Forever* („12 Dinge, an die sich meine Kinder immer erinnern sollen"). Ein Punkt lautete: Frauen sind härter im Nehmen als wir Männer. Hätte ich je daran gezweifelt, wäre ich während Diannas Genesungszeit nach ihrer OP sehr schnell eines Besseren belehrt worden, als ich das Vorrecht genoss, unser Eheversprechen „… in Gesundheit und Krankheit" in die Tat umzusetzen.

Endlich einmal durfte ich sie bedienen! Unter ihrer Anleitung kochte ich das Thanksgiving-Dinner von A bis Z. Als die Gäste eingetroffen waren, versicherte Dianna ihnen vom Sofa im Nebenzimmer aus, dass ich alles allein gemacht und nicht einfach ein fertiges Menü im Supermarkt gekauft hatte – das begeisterte mich.

Inzwischen, da wir nun zu den älteren Mitbürgern gehören und die Kinder aus dem Haus sind – und sie seit diesem Zwischenfall wieder unglaublich gesund ist –, nimmt die tatkräftige Liebe die Form von Höflichkeit und einer zuvorkommenden Haltung an. Wie leicht vergisst oder vernachlässigt man das im Alltag, doch ich rufe mir immer wieder ins Gedächtnis, dass der Apostel Paulus uns ermahnt: „Weder Eigennutz noch Streben nach Ehre sollen euer Handeln bestimmen. Im Gegenteil, seid bescheiden, und achtet den anderen mehr als euch selbst."[12] Und diese Ermahnung gilt für zu Hause ebenso wie für die Gemeinde oder jeden anderen Ort.

Wir arbeiten daran, immer nett und höflich zu sein und uns gut zu benehmen. Wir sagen „Bitte" und „Danke" und fragen den anderen immer wieder, ob er noch etwas braucht oder haben möchte. Es klingt nicht besonders wichtig, aber wenn zum Beispiel beim Essen nur noch eine Portion übrig ist, bieten wir sie dem anderen zuerst an.

Wenn wir spüren, dass irgendetwas zwischen uns steht, dann zeigen wir einander nicht die kalte Schulter. Wir versuchen auch nicht, aus dem anderen den Grund für sein Schweigen herauszukitzeln, als wäre das ein Wettkampf, wer es als Erster schafft, die Atmosphäre wieder zu bereinigen. Das bedeutet nicht, dass wir in allem einer Meinung wären. Damit würden wir uns selbst etwas vormachen. Doch indem wir einander respektieren und miteinander reden, zeigen wir uns gegenseitig, dass wir die Meinung des anderen wertschätzen.

Wir haben uns so daran gewöhnt, Liebende *und* Freunde zu sein, dass wir oft gar nicht bemerken, wie selten so etwas vorkommt, bis es jemand ausdrücklich erwähnt. Manchmal ist das ganz amüsant, als wäre es eine Überraschung: „Ihr beiden scheint euch wirklich zu mögen" oder: „Ihr kommt so gut miteinander zurecht" oder: „Jeder sieht, dass ihr glücklich miteinander seid". Manchmal sehen wir Paare, die sich offensichtlich gerade so ertragen können. Ich kann mir nicht vorstellen, so zu leben.

Schon in den ersten Jahren eurer Ehe habt ihr beide, du und Dianna, eurem Haus den Namen „Drei-Söhne-Anwesen" gegeben. Du hast davon geschrieben, dass ihr im Wohnzimmer lebensgroße Poster eurer Jungen aufgehängt habt. Jeden Tag

---

12   Philipper 2,3; Hoffnung für alle.

sagt ihr ihnen, dass ihr sie liebt. Welche Auswirkungen hat die Liebe zu deinen Söhnen auf deine Ehe?

Es gibt eine alte Weisheit, die in etwa so lautet: „Das Beste, was ein Vater für seine Kinder tun kann, ist, ihre Mutter zu lieben." Meiner Erfahrung nach gilt das auch andersherum. Es gibt nur wenig, das Dianna mehr freut und erfüllt, als wenn ich meine Söhne – und heute meine Enkel – mit Liebe und Aufmerksamkeit überschütte.

Als deine Söhne noch klein waren, hast du ihnen hin und wieder gesagt: „Ich liebe dich, auch wenn du gerade unausstehlich bist." Wie reagierst du oder auch deine Frau, wenn sich jemand aus deiner Familie unausstehlich aufführt?

Ganz wichtig ist der Humor. Natürlich muss man ihn mit Bedacht einsetzen, denn wenn sich jemand *richtig* aufregt, muss man ihm etwas Zeit geben, bevor er das Komische einer Situation sieht.

Dianna schimpfte einmal einen unserer Söhne aus, als er noch ein Teenager war (alle drei sind heute über dreißig), weil er abends ausgegangen war, ohne sein Zimmer aufzuräumen. Sie machte ihm in aller Deutlichkeit klar, dass sie ihn niemals hätte gehen lassen, wenn sie davon gewusst hätte, und jetzt müsste er vor dem Zubettgehen noch aufräumen und nächstes Mal und so weiter …

Als sie eine Pause machte, um Atem zu holen, unterbrach sie unser Sohn: „Aber ich darf hier noch wohnen, oder?"

Da musste sie natürlich lachen.

Der Satz „Ich liebe dich, auch wenn du gerade unausstehlich bist" funktioniert immer noch, sogar mit unseren Enkeln. Drei unserer acht Enkel sind adoptiert. Und es kommt auch vor, dass sie den verletzendsten Satz gebrauchen, den sie sich nur vorstellen können, wenn sie richtig wütend sind – dass sie nämlich am liebsten dorthin zurückkehren wollen, wo sie hergekommen sind.

Es macht Freude und erfüllt uns mit Dankbarkeit, wenn wir erleben, dass unsere Kinder ihnen augenblicklich die Bestätigung geben, nach der sich die Kinder so sehr sehnen: „Ihr wisst doch, dass das niemals passieren wird, denn Gott hat euch uns für immer gegeben. Niemals werden wir euch weggeben."

Du hast es dir zu einer guten Gewohnheit gemacht, in deinen Büchern und in der Öffentlichkeit über Dianna überaus positive Dinge zu sagen, und du gibst auch zu, dass du dich schnell dazu hinreißen lässt, mit ihrem Durchhaltevermögen und ihrer Schönheit anzugeben. Wie ist es dazu gekommen?

Ehrlich gesagt bin ich mir nicht sicher, ob es sich nicht einfach um die goldene Regel handelt: „Was du nicht willst, das man dir tu, das füg auch keinem anderen zu." Ich lache sehr gerne und schaue mir deshalb oft Comedy-Sendungen an. Aber ich kann es nicht vertragen, wenn die Comedians ihre Ehepartner zur Zielscheibe ihrer Pointen machen. Das ist leicht und billig und ich habe mich schon vor langer Zeit entschieden, dass ich so etwas nicht tun will. Vielmehr will ich Dianna jedes Mal, wenn ich über sie spreche, stark machen und bestätigen.

Ich habe schon gehört, dass manche Männer ihre Frau als „Klotz am Bein" bezeichnen, „meine Alte" oder „meine Chefin" sagen. Wenn jemand diese Männer darauf anspricht, erwidern sie: „Meine Frau weiß doch, dass ich sie liebe, sonst würde ich sie damit nicht aufziehen." Dianna weiß, dass ich sie liebe, weil ich es ausdrücklich sage.

Deinen Söhnen schärfst du ein, dass in eurer Familie der Wahlspruch gilt: „Wir geben niemals auf." Warum ist das notwendig?

Das Leben ist hart. Ich weiß, dass es für Menschen in anderen Ländern noch viel härter ist, und ich weiß auch, dass es für Menschen, die nicht so ein privilegiertes Leben wie ich führen können, ebenfalls härter ist. In der Bibel heißt es: „Nein, von Geburt an gehört zum Menschsein die Mühe, so wie zum Feuer die Funken gehören."[13]

Wie in jeder anderen Familie auch mussten und müssen wir uns mit Problemen auseinandersetzen. Manchmal wurde ich zu Unrecht kritisiert (und manchmal natürlich auch zu Recht); ich wurde Opfer falscher Anschuldigungen; unsere Jungs trugen Sportverletzungen davon und mussten manchen herben Verlust hinnehmen; sie hatten Liebeskummer; und manche brauchten für das College gefühlt länger als die Israeliten für die Wüstenwanderung. Einen unserer Söhne hätten wir nach einer Routineoperation fast im Aufwachraum verloren. Und diese Liste ist lange noch nicht vollständig.

Als ich meinen Jungs den Grundsatz beibrachte, niemals aufzugeben, ging es mir eher darum, sie zu guten und fairen Sportlern zu erziehen. Wenn sie beim Basketball oder Tischtennis hoffnungslos zurückliegen, sollen sie nicht aufgeben, sondern vielmehr auch weiterhin ihr Bestes geben. Nicht, weil sie dann vielleicht noch gewinnen könnten – das werden sie nämlich vermutlich nicht –, sondern weil man es seinem Gegner schuldet, dass man sein Bestes gibt. Es ist einfach das Richtige.

Dieses Familienethos zahlt sich später aus, wenn man schwierige Situationen meistern muss, wenn man z. B. unter einem ungerechten Chef leidet, einen schlecht bezahlten Job annimmt, um über die Runden zu kommen, oder für jemand anderen etwas tut, zu dem man eigentlich gar keine Lust hat.

---

13 Hiob 5,7; Hoffnung für alle.

In deinem Buch *Hedges* **(„Hecken") sagst du, dass die „prüden Regeln", nach denen du dich richtest, dazu da sind, um „meine Augen, mein Herz, meine Hände und damit auch meine Ehe zu beschützen". Die Versuchung trifft einen in vielerlei Gestalt. Wie seid ihr beide, Dianna und du, im Lauf der Jahre damit umgegangen? Und was kann man aus deinem Buch für die „sexgesättigte Gesellschaft" von heute übernehmen?**

Es sollte mich eigentlich nicht überraschen, aber dieses Buch, das ich vor mittlerweile fünfundzwanzig Jahren geschrieben habe, wird heute mehr gebraucht denn je. Je häufiger Ehebruch und Scheidung auch unter Christen vorkommen, desto mehr scheint man das zu akzeptieren.

Viele Menschen betrachten es als „prüde", dass ich grundsätzlich nicht mit einer Frau, mit der ich nicht verwandt bin, allein Auto fahre, dass ich mich nicht mit einer anderen Frau treffe oder mit ihr zum Essen ausgehe. Ich möchte gern von mir glauben, dass ich aus solchen Versuchungen herausgewachsen bin – und ich bin mir ziemlich sicher, dass ich mittlerweile zu alt bin, als dass eine Frau meinetwegen ihren Ruf aufs Spiel setzen würde. Trotzdem pflanze ich diese Hecke zum Schutz. Das ist eine Äußerlichkeit, doch wer sich Gedanken darum macht, wie etwas auf andere wirkt, macht sich auch Gedanken darum, wie er sein möchte. Wenn ich mit einer Frau, mit der ich nicht verwandt bin, niemals allein bin, kann niemand auch nur ein Gerücht in die Welt setzen. Und wenn jemand im Sinn hat, mit solchen Gerüchten mein Leben zu zerstören, vereitelt diese Hecke, die ich gepflanzt habe, schon den Versuch.

Heute ist pornografisches Material selbst für Kinder nur einen Mausklick entfernt. Ich weiß nicht, wie ihre Eltern ohne Schutzmechanismen im Internet überleben wollen. Jede Generation behauptet, dass es immer schwerer wird, Kinder großzuziehen. Doch in der Auseinandersetzung mit dieser

Generation würden mir, ehrlich gesagt, kaum Gegenargumente einfallen.

Deine Familie ist von fünf auf fünfzehn Mitglieder gewachsen. Wie wirkt sich das auf Dianna und dich aus, dass ihr Enkel, darunter auch adoptierte, habt?

Wir sind die typischen stolzen, nervigen Großeltern, die überall Fotos der Enkel auf dem Smartphone herumzeigen müssen. Wir wären die Großeltern, die keiner leiden kann, weil unsere Enkel eben wirklich die besten und hübschesten sind, die man sich nur vorstellen kann. Du darfst gerne nachfragen.

Unser Ältester und seine Frau hatten drei leibliche Kinder, unser Zweiter und seine Frau zwei Kinder, als sie sich entschlossen, weitere Kinder zu adoptieren. Zuerst kam Max aus Bangkok und der Adoptionsprozess dauerte so lange, dass es einer jahrelangen Schwangerschaft gleichkam – das jedenfalls war die einhellige Meinung der Frauen in unserer Familie. Dann kamen Jalen und Chelsea aus der Innenstadt von Kansas City zu uns.

Der wichtigste Gedanke für Dianna und mich ist folgender: Wir lieben unsere Söhne und ihre Frauen und sind stolz auf sie, auch wenn sie in ihrem ganzen Leben nichts weiter tun und leisten sollten. Denn dass sie diese Kinder adoptiert haben, ist Grund genug, sehr stolz auf sie zu sein. Wir machen uns nichts vor. Wir kennen die Herausforderungen – die, die unsere Kinder schon bewältigt haben, und die, die vielleicht noch auf sie zukommen. Aber dass sie das akzeptiert haben, weil sie Gott dienen wollen, begeistert uns.

Worüber machst du dir im Hinblick auf deine Familie Sorgen, wenn du daran denkst, dass das Leben heute sich verändert und immer schneller wird?

Ich finde es interessant, dass einige meiner Vorfahren mit großer Überzeugung rassistisches Gedankengut vertreten haben. Doch schon meine Mutter schaffte, das irgendwie zu überwinden. Als Teenager war ich schockiert, als ich entdeckte, welche Überzeugungen zum Teil unter meinen Vorfahren geherrscht hatten, denn meine Mutter hatte ihren Söhnen das Gegenteil beigebracht. Und unsere Kinder haben schon als dritte Familie in unserer erweiterten Großfamilie schwarze Kinder adoptiert – da rotieren also einige unserer Vorfahren im Grab. Das Foto auf unserer Weihnachtskarte sieht aus, als stamme es von den Vereinten Nationen.

Dianna und ich mögen unsere bunte Familie und fühlen uns sehr wohl darin, aber wir machen uns schon Gedanken darüber, womit unsere Enkel konfrontiert werden, wenn sie größer werden.

Doch im Augenblick genießen wir das Zeitalter der Unschuld. Unsere vierzehnjährige schwarze Enkelin rief ihrem Vater im Schwimmbad immer wieder zu: „Papa, guck mich an. Guck dir das an, Papa!"

Ein anderes Mädchen beobachtete die Szene und fragte: „Wie kann der denn dein Vater sein?"

Chelsea legte den Kopf auf die Schulter. Die Frage hatte sie offenbar verwirrt. „Weil er lustig ist!"

In deinem Buch zeigst du dich sehr verletzlich, wenn du von deinen Stärken und Schwächen sprichst. Gilt das auch für die Dynamik eurer Ehe?

Ja, natürlich. Wenn man seit mehr als vierzig Jahren mit einem Menschen zusammenlebt, kann man sich im Alltag nicht verstecken. Stephen King hat einmal geschrieben, eines der Geheimnisse für einen erfolgreichen Romanautor bestehe darin, eine Frau zu heiraten, die sich nichts vormachen lässt – weder von dir selbst noch von jemand anderem. Das habe ich gemacht.

Was ist das Beste daran, nun schon so viele Jahre verheiratet zu sein?

Vertrautheit ist ein Wohlfühlfaktor. Wir haben von Anfang an darauf geachtet, dass wir uns nicht an den Marotten des anderen ärgern. Wir kennen die Vorlieben, Abneigungen und Gewohnheiten des anderen. Im Restaurant könnten wir beide für den anderen bestellen. Obwohl ich mein Essen lieber scharf und Dianna es mild mag, weiß ich genau, wie viel sie aushalten kann und ob ihr ein bestimmtes Gericht schmecken wird oder nicht.

In einem überfüllten Raum können wir uns mit einem Blick verständigen. Immer noch fühle ich mich dort zu Hause, wo sie gerade ist, und wenn ich wegfahre, freue ich mich schon bei der Abreise auf meine Rückkehr zu Dianna. Und wenn sie einen Raum betritt, kribbelt es mir noch immer im Bauch.

Mag Dianna Sport?

Und wie! Das war für unsere Söhne toll. Dianna hat sie immer an Sportereignisse erinnert, die im Fernsehen übertragen wurden, und wir haben kein einziges Spiel ihrer Jugend- und Schulmannschaften verpasst. Dianna und ich gucken heute noch oft Baseball, Basketball und Fußball im Fernsehen.

Wie geht ihr in eurer Ehe mit schwierigen Zeiten um?

„Auch das geht vorüber" – das ist zu einem Mantra geworden, wenn wir gemeinsam eine schwere Zeit durchmachen. Ehrlicherweise muss ich aber auch zugeben, dass wir im Gegensatz zu anderen noch nie mit richtig schweren Situationen fertigwerden mussten. Eine Tragödie in unserer Familie können wir uns nicht vorstellen. Ich wünsche mir, dass sich unser Glaube als stark erweist, wenn er einmal so auf die Probe gestellt würde.

Wir wohnen nicht weit von Colorado Springs. Vor einiger Zeit wurde dieses Gebiet von einem Feuer verwüstet, bei dem 500 Häuser zerstört wurden. Wir wohnen zwei Kreuzungen südlich des Gebiets, wo das Feuer am schlimmsten wütete. Nur den Launen des Winds war es zuzuschreiben, welche Häuser den Flammen zum Opfer fielen und welche nicht. Freunde von uns verloren alles.

In dieser Woche, als niemand sagen konnte, ob der Wind am nächsten Tag drehen und das Feuer unser Grundstück mit allem, was darauf war, vernichten würde, spürte ich einen tiefen inneren Frieden. Natürlich hätte es mir das Herz gebrochen, so viele Erinnerungen zu verlieren. Doch wir selbst waren in Sicherheit. Und letzten Endes, so sagten wir uns, kommt es auf Dinge nicht an.

Teil 2

4

Wo soll ich wohnen, was soll ich tun?

Ich bin mir sicher, dass viele von uns, wenn wir sie nach ihren Prioritäten im Leben befragen würden, aus tiefster Überzeugung antworten würden: „Gott kommt an erster Stelle, die Familie an zweiter und die Arbeit an dritter."

Ehrlich gesagt – wir versuchen wahrscheinlich, das zu glauben und umzusetzen, aber in Wirklichkeit ist es so, dass bei vielen von uns die Arbeit am meisten Zeit verschlingt. Meine Arbeit kann mich faszinieren, aber sie kann mich auch unglücklich machen. Die Aussicht auf ein Leben nach der Arbeit im Ruhestand kann mir neue Kraft geben, mich aber auch beunruhigen. Und all das wirkt sich auf meine Ehe aus.

In Wirklichkeit ist es so, dass bei vielen von uns die Arbeit am meisten Zeit verschlingt.

Eine verheiratete Frau erzählte einmal:

Ich habe immer gesagt: „Die Arbeit schenkt dir keine Gegen-liebe." Mein Mann war schon recht früh in den Vorruhestand gegangen. Unser Alltag sah so aus: Ich ging jeden Tag zur Arbeit, er blieb zu Hause. Jahrelang lebten wir auf diese Weise nebeneinanderher. Immer wieder ging mir der Gedanke durch den Kopf: „Will ich den Rest meiner Tage wirklich so zubringen? Was passiert denn, wenn es mit der Gesundheit bergab geht?" Wie schnell kann einen der Alltag gefangen nehmen! Die Monate werden zu Jahren und plötzlich ist man siebzig und fragt sich, was geschehen ist.

Es gibt diese alte Weisheit: „Niemand bedauert am Ende seines Lebens, dass er nicht mehr Zeit im Büro verbracht hat." Das stimmt, aber trotzdem muss man ja irgendwie Geld verdienen. Wer gesund und stabil ist, eine erfüllende Arbeit und das Gefühl hat, er könne seine Gaben für Gott einsetzen, will sich vielleicht nicht ganz und gar von der Arbeitswelt verabschieden. Ich selbst gehe mit einer flexiblen Teilzeitregelung in den Ruhestand über, was mir sehr gut gefällt.

Doch mein Mann und ich fragen uns immer noch, wie sich die Zukunft gestalten wird. Ich glaube, das macht jeder in unserer Lebenssituation.

In der zweiten Ehehälfte sind nur wenige Fragen schwieriger als die nach der Arbeit: wie es mir damit geht, wann ich aufhören soll, was wir in der manchmal Furcht einflößenden, manchmal einladend wirkenden „nächsten Phase" mit uns anfangen sollen. Und es ist auch nicht besonders hilfreich, wenn in den Medien ständig gewarnt wird, dass man nicht genug für die Rente angespart habe.

In der zweiten Ehehälfte sind nur wenige Fragen schwieriger als die nach der Arbeit

Manche Paare werden von der Vorstellung, was als Nächstes kommt, beflügelt. Es könnte ein Umzug sein, eine neue ehrenamtliche Aufgabe, mehr Zeit für die Familie oder für ausgedehnte Reisen. Andere sind nicht so sicher, was sie mit der vielen Freizeit anfangen sollen. Eine Frau, die wir kennen, ist ein typisches Beispiel. Nach mehreren Jahrzehnten als Sozialarbeiterin plant sie, in ihrem Ruhestand ihren Mann auf seinen Dienstreisen zu begleiten. Sie räumt ein, dass das interessant sein *könnte*, doch da sind noch zu viele unbekannte Größen im Spiel. Andere, vor allem solche Menschen, deren Kinder noch in der Ausbildung sind, möchten gerne weiterarbeiten und suchen sich einen Nebenverdienst zur Rente, obwohl sie schon über sechzig sind.

Worauf können wir unsere Entscheidungen gründen?

Welche Entscheidung treffen wir also? Worauf können wir unsere Entscheidungen gründen?

„Wir wollen unseren Kindern nahe sein"

Ken und Carolyn beschäftigt diese Frage gerade sehr. Ken ist Finanzexperte, Pastor und Autor. Carolyn hat im Familienbetrieb gearbeitet und ist heute an einer Universität ihrer Heimatstadt tätig. Beide lieben das Leben in Südkalifornien, doch Carolyn macht sich Sorgen, was geschieht, wenn sie aufhört zu arbeiten. „Ich habe schon Angst, wie das Leben dann aussieht. Wir wohnen in einem sehr teuren Viertel, aber wir wollen unseren Kindern nahe sein. Und wir lieben unseren Wohnort, weil er so abwechslungsreich ist. Unser Leben heute nimmt uns so in Beschlag, dass keine Zeit bleibt, sich Gedanken über die Zukunft zu machen und sie uns auszumalen."

Unser Leben heute nimmt uns so in Beschlag, dass keine Zeit bleibt, sich Gedanken über die Zukunft zu machen und sie uns auszumalen.

Ken lacht. „Ich verdränge es völlig, dass ich bald siebzig werde!" Er arbeitet immer noch für ein großes christliches Werk und geht deshalb häufig auf Dienstreisen, aber er schreibt auch gern und träumt davon, aus diesem Hobby mehr zu machen. Außerdem möchte er gerne mehr Zeit mit Carolyn verbringen. „Wir haben unsere Arbeit in unserem eigenen Finanzplanungsbetrieb geliebt, wo ich mich um die Kunden kümmerte und Carolyn für das Büro verantwortlich war. Doch es ist jetzt auch wunderbar zu sehen, wie Carolyn bei ihrer Arbeit in der Universität aufblüht. Die sind dort ganz begeistert von ihr!"

Ken freut sich ehrlich daran, dass seine Frau beruflich in ihrem Element ist, doch er äußert sich auch offen zu beruflichen Misserfolgen und Karriereknicks. „Mit achtundfünfzig hatte ich beschlossen, dass ich in meinem Beruf nicht mehr weiterarbeiten will. Also bin ich in den geistlichen Dienst gegangen. Ich hatte auch Theologie studiert. Doch dieses Experiment ist nicht gut ausgegangen. Vor Jahren hatte das *Time Magazine* ein Cover, das einen Mann zeigte, der mit dem Gesicht nach unten im Sand lag. Die Überschrift lautete: *Der gestrandete weiße Mann*. Genauso fühlte ich mich in meinem Dienst in der Gemeinde."

Ken und Carolyn waren gezwungen, von ihrem zweieinhalb Hektar großen Grundstück auf dem Land in ein kleineres Haus in der Stadt zu ziehen.

„Unser Bauernhaus war schön", erinnert sich Carolyn. „Nachts war es dunkel und ruhig. Im neuen Haus war es nicht so ruhig. Es hat ein paar Jahre gedauert, bis wir uns daran gewöhnt hatten. Wir schwelgten noch lange in Erinnerungen und das hat das Gefühl, etwas verloren zu haben, nur noch verlängert."

Trotzdem haben sie gelernt, dass Gott einen Verlust in einen Gewinn verwandeln kann.

Ken erklärt: „Ich kenne einen Mann im Rollstuhl, der sagt: ‚Das Leben, das ich habe, hätte ich ohne diesen Rollstuhl nie gehabt.' Ich denke an vieles, das Carolyn und ich niemals erlebt hätten, wenn wir nicht diese Verlusterfahrung gemacht hätten. Das macht den Verlust nicht einfacher, aber es gleicht ihn aus."

Die Frage, die wir uns stellen müssen

Die Erfahrung von Ken und Carolyn illustriert, was viele Ehepaare in der zweiten Ehehälfte erleben. Zum einen betrifft das einen Berufswechsel: Für Ken bedeutete das, seinen Betrieb zu schließen und in die Gemeindearbeit zu gehen, was für ihn keine positive Erfahrung war. Carolyn nahm nach ihrer Beschäftigung in ihrer Finanzplanungspraxis eine Stelle an der Universität an. Für sie war der Wechsel überaus positiv. Wir können nicht immer vorhersagen, ob ein Jobwechsel zu positiven oder negativen Erfahrungen führt. Natürlich gehen wir immer davon aus, dass es sich positiv entwickeln wird.

Wir können nicht immer vorhersagen, ob ein Jobwechsel zu positiven oder negativen Erfahrungen führt.

Wenn man über einen Wechsel nachdenkt, ist es besonders wichtig, dass man so viel wie möglich über den neuen Job in Erfahrung bringt. Wunschdenken darf nie an die Stelle einer realistischen Einschätzung treten. Passt die neue Stelle zu meiner Persönlichkeit und zu meinen Fähigkeiten? Wie unterscheiden sich die Anforderungen im Vergleich zu meiner alten Stelle? Bringt der neue Job eine Veränderung meines Lebensstils mit sich – muss ich zum Beispiel auf Dienstreisen gehen? Wie sieht das Gehalt aus? Bin ich bereit, meinen Lebensstandard zu senken, wenn es niedriger ist als bisher? Kann ich das gegenüber

Welches Potenzial bringt diese Stelle mit sich, um meine Ehe zu stärken? Wie könnte sie meine Ehe negativ beeinflussen?

meiner Familie verantworten? Welches Potenzial bringt diese
Stelle mit sich, um meine Ehe zu stärken? Wie könnte sie meine Ehe negativ beeinflussen? Wie lange bin ich in der Lage, im
neuen Job zu arbeiten? Diese Fragen muss man sich stellen,
bevor man sich zu einem Wechsel entschließt.

Eine weitere wichtige Frage gilt einem möglichen Ortswechsel. Für Ken und Carolyn bedeutete das, aus einem länd-
lichen Umfeld in die Stadt zu ziehen. Solch ein Umzug kann
positiv sein, aber auch negative Auswirkungen haben. Manchmal entscheiden sich Paare zu einem Umzug, um näher bei
ihren Kindern zu sein. Oft lassen sie dabei außer Acht, dass
auch ihre Kinder in den nächsten Jahren umziehen könnten.
Unseren erwachsenen Kindern zu folgen ist nicht immer eine
gute Entscheidung.

Wenn wir über einen Umzug nachdenken, müssen wir uns
viele Fragen stellen: Welche finanziellen Auswirkungen hat
eine solche Veränderung? Welche eigentliche Motivation steht
hinter unserem Umzug? Sind wir bereit, langjährige Freundschaften an unserem jetzigen Wohnort aufzugeben? Wie sieht
es mit dem Gesundheitszu-
stand beider Ehepartner aus?
Wenn einer der beiden unter
Depressionen leidet, könnte
ein Umzug seinen Zustand
verschlimmern. Wenn Sie
mit gleichaltrigen Freunden
reden, die bereits einen Umzug hinter sich haben, bekommen Sie wahrscheinlich

> *Beruf und Wohnort zu wechseln
> kann sich sehr positiv auf
> eine Ehe auswirken. Auf der
> anderen Seite können solche
> Entscheidungen aber auch
> extreme Herausforderungen
> mit sich bringen.*

ein realistischeres Bild dessen, was Sie bei einem Ortswechsel
erwartet.

Beruf und Wohnort zu wechseln kann sich sehr positiv auf
eine Ehe auswirken. Auf der anderen Seite können solche Entscheidungen aber auch extreme Herausforderungen mit sich

bringen. Deshalb sollte man so viele Informationen wie möglich darüber zusammentragen, mit welchen Konsequenzen man rechnen sollte.

„Wir reden und reden und reden"

So geht es Jane und Richard, die sich schon lange mit der Frage nach einem Wohnortwechsel herumschlagen. Jane erzählt ihre Geschichte:

Manche Paare schaffen den Übergang in den Ruhestand spielend, ohne sich viele Gedanken darüber zu machen, wo sie schließlich landen werden. Gute Freunde von uns sind sich zum Beispiel einig, dass sie als Rentner in die Berge ziehen wollen, wo sie jetzt schon immer gern ihren Urlaub verbringen. Andere Freunde mussten über diese Frage nicht eine Sekunde lang nachdenken. Sie kauften sich ihr Traumhaus in Arizona und zogen nach ihrer Pensionierung dorthin. Genau dort hatten sie schon immer wohnen wollen.

Aber für meinen Mann Richard und mich gilt das nicht. Für uns war es nicht einfach, uns über die nächste Phase unserer Ehe Gedanken zu machen. Freude und Begeisterung mischen sich mit Verwirrung und negativen Gefühlen. Vor zehn Jahren stellten wir uns vor, wir würden nach der Pensionierung aus Chicago, wo wir momentan leben, in eine Holzhütte mit Blick auf die Berge ziehen. Aber heute müssen wir auch bedenken, dass wir vielleicht Pflege brauchen. Außerdem haben wir inzwischen Enkel. Also denken wir pragmatisch und haben unseren Traum in geografischer Hinsicht auf ein Haus in Florida verlagert.

In Wirklichkeit ist es so, dass ich niemals in Florida landen wollte; ich bin in den Bergen aufgewachsen. Richard dagegen hasst die Winter in Chicago und ist gern am Strand. Als seine Mutter vor fünf Jahren in eine Seniorenwohnanlage in Florida zog und unser erstes Enkelkind in der Nähe geboren wurde, fingen wir an, in Florida zu „überwintern". Das ist zu einem alljährlichen Ritual geworden, das viele emotionale Unterhaltungen darüber ausgelöst hat, ob wir nicht für immer dorthin ziehen sollten, statt nur den Winter dort zu verbringen.

Mein Mann weiß, was er will, aber ich habe dabei zwiespältige Gefühle. Ich sehne mich danach, unserer ältesten Tochter und ihrer Familie nahe zu sein, aber eine andere Tochter und auch meine Eltern wohnen nur ein paar Autostunden von uns in Chicago entfernt. Wie wir uns auch entscheiden – wir werden uns von einem Teil unserer Verwandten räumlich entfernen. Das finde ich schwierig.

Zwar wollen wir in der Nähe unserer Kinder und Enkel wohnen, aber Richard und ich wissen, dass wir bei unserer Entscheidung auch in Betracht ziehen müssen, was für uns als Ehepaar das Beste ist. Aber wir wissen auch: Es ergibt keinen Sinn, von allen Angehörigen weit wegzuziehen. Also reden wir und reden und reden. Wir spielen alle Möglichkeiten durch – „Was passiert, wenn", „Wann" und „Wie" –, indem wir sie oft diskutieren. Während wir uns klarer darüber werden, welche Richtung wir in dieser Phase unseres Lebens einschlagen möchten, haben wir uns auch der Perspektive des jeweils anderen angenähert. Richard möchte, dass ich glücklich bin. Ich möchte, dass Richard glücklich ist. Sogar nach achtunddreißig Ehejahren lernen wir immer noch etwas Neues über den anderen.

Diese Lebensphase, so schwierig sie auch manchmal ist, hat uns dazu gebracht, über individuelle Bedürfnisse und Ziele zu sprechen, die wir uns in unserer Ehe gesteckt hatten – persönlich, familiär und finanziell. Auch wenn wir uns nicht unbedingt vom gleichen Startpunkt auf den Weg gemacht haben, sind wir uns heute einig darin, dass wir für uns beide ein „Happy End" finden wollen. Noch haben wir kein „Zu verkaufen"-Schild vor unserem Haus in Chicago aufgestellt.

„Ich habe einfach keine Angst"

Was ist, wenn die Arbeit mir Sorgen bereitet, ja sogar meine Seele vergiftet? Und was geschieht, wenn ich meine Arbeitsstelle verliere?

John und Carole haben im Lauf der Jahre die guten und die schlechten Seiten kennengelernt: gute Kollegen und eine erfüllende Arbeit, aber auch schwere und entmutigende Tage, an denen sie schlecht gelaunt und frustriert nach Hause kamen. Heute wissen sie, dass John bald seine Stelle verlieren wird.

Sie erzählen beide, dass sie aus kaputten Familien stammen. Jetzt, da die Kinder aus dem Haus sind, denken sie sich manchmal: *Warum trennen wir uns nicht wie so viele andere Paare? Warum suchen wir nicht woanders unser Glück?* Aber das tun sie nicht. Sie bleiben zusammen und trotzen gemeinsam den Stürmen des Lebens. Wie schaffen sie es, die bisher schwierigste Wegstrecke ihrer Ehe zu meistern, wo so viele Paare aufgeben? Wie gehen sie damit um, dass John demnächst arbeitslos wird? Eine Antwort könnte ganz am Anfang ihrer Ehe zu finden sein. Damals musste sie ein unerwartetes Problem meistern.

„Meine Eltern waren Kämpfer", erzählt Carole, „und meine Mutter fand wegen Tootie zum Glauben zurück."

Tootie war Caroles Schwester und hatte das Downsyndrom. Sie lebte mit ihrer Mutter reihum bei verschiedenen Verwandten. Bald nachdem Johns und Caroles erstes Kind zur Welt gekommen war, waren sie an der Reihe, Caroles Mutter und Schwester aufzunehmen. Nach der Geburt ihres Kindes blieb Carole zu Hause und die fünf wohnten zusammen in sehr beengten Verhältnissen.

Eines Tages fragte ihre Mutter: „Können wir bleiben?"

Als Carole uns diese Geschichte erzählt, blickt sie ihren Mann an. „Ich rechne es John hoch an, dass er so viel Geduld mit meiner Mutter und Tootie zeigte. Sein Vater hätte niemals irgendwelche Verwandten bei sich aufgenommen."

John war nicht nur geduldig, sondern zog mit der Familie auch in ein größeres Haus. Die vermeintlichen Opfer, die John und Carole brachten, entpuppten sich als etwas Positives. Tootie lebte über fünfundzwanzig Jahre in ihrer Familie, bis sie starb. Obwohl sie durch ihre Behinderung stark eingeschränkt war, war sie ein fröhlicher, positiver Mensch und konnte anderen gute Laune schenken, wenn sie ein Lied sang.

> *Die vermeintlichen Opfer, die John und Carole brachten, entpuppten sich als etwas Positives.*

„Es hat Spaß mit ihr gemacht", erzählt John. „Wir haben sie nie als Belastung gesehen."

„Es war meine Familie, aber John hat sich der Herausforderung gestellt", meint Carole. „Unsere beiden Jungen wuchsen mit Tootie und ihrer Großmutter auf. Sie begriffen, dass unsere Welt nicht vollkommen ist und dass das trotzdem in Ordnung ist."

John fügt hinzu: „Tootie hat die Jungen positiv beeinflusst. Sie sind so freundlich und haben so ein gutes Herz wie Tootie." Was Johns und Caroles Ehe schon frühzeitig hätte zerbrechen lassen können, wurde zu einem gemeinsamen Ziel und letzten Endes zu einem starken Band.

John erzählt: „Mein Vater war kein liebevoller Mann. Ich wusste also nicht, wie ich reagieren sollte, weil ich kein gutes Vorbild hatte." Im Rückblick erkennt er heute, dass er vieles hätte besser machen können, aber er sagt: „Wenn ich mir dann meine Frau und meine Kinder anschaue, sage ich mir: ‚Ich habe es besser gemacht als mein Vater.'"

„Viel besser!", bekräftigt Carole.

Dazu gehört auch, dass John und Carole die Verhaltensmuster ihrer Eltern durchbrachen, als Arbeitslosigkeit drohte und sie in

allen Problemen aneinander festhielten. Ihr Glaube, so bekennen sie, „war der wesentliche Punkt, der uns geholfen hat".

Doch auch ihr Glaube muss hin und wieder gestärkt werden. Vor einiger Zeit entdeckten sie verschiedene Bücher von
Tim Keller, die ihren Glauben stärkten und vertieften. Wenn er
sich Sorgen macht und Angst hat, spricht John das Vaterunser.
„Manchmal komme ich über das ‚Unser Vater' gar nicht hinaus. Ich überlege dann: *Toll, ich darf ihn Vater nennen*, und
dann gehen mir die vielen Bibelverse durch den Kopf, in denen Gott als Vater bezeichnet wird."

John gibt zu, dass er in schwierigen Zeiten darüber nachdachte, wie es wohl wäre, wenn er sich von seiner Frau trenn-
te. Doch er begriff, dass ein Leben ohne Carole keineswegs
besser wäre und dass vor allem auch ihre Kinder sie beide
brauchten.

„Für sie wäre es ein schrecklicher Schlag gewesen", meint
er. „Wir sind eine Verpflichtung eingegangen. Stell dir das einmal vor. Ein Gelübde!"

Als Paar, das mit Schwierigkeiten bei der Jobsuche zu kämpfen hat und sich gleichzeitig dem Rentenalter nähert, blicken
sie trotzdem hoffnungsvoll in die Zukunft. „Vor fünfzehn Jahren hätte ich Angst davor gehabt, wie es ist, die Arbeit zu verlieren", erklärt Carole. „Aber heute ist diese Angst verflogen."

Freuen Sie sich an Ihren guten Entscheidungen

Wenn Sie auf Ihre Ehe zurückblicken, können Sie sich vielleicht mit John und Carole identifizieren. Vielleicht passierte
etwas Unerwartetes in Ihrer Familie, das Ihre Ehe massiv be-
einflusste. Auch Sie haben vielleicht mit dem Gedanken ge-
spielt, sich von Ihrem Ehepartner zu trennen, doch mit Gottes
Hilfe haben Sie diese Probleme durchgestanden und sind zusammengeblieben. Nehmen Sie sich einen Augenblick Zeit,

um zu feiern, dass Sie trotz schwieriger Umstände eine gute Entscheidung getroffen haben.

Karolyn und ich haben einen solchen Feier-Augenblick erlebt, als unser Sohn in den Semesterferien nach Hause kam. Derek legte erst mir die rechte Hand auf die Schulter, die linke auf die Schulter seiner Mutter und dann sagte er: „Ich möchte euch danken, dass ihr zusammengeblieben seid. Ich weiß, dass eure ersten Ehejahre nicht einfach waren, und ich bin so froh, dass ihr immer noch zusammen seid. Ich habe fünf Freunde von der Uni, die in den Weihnachtsferien nicht nach Hause fahren, weil sich ihre Eltern getrennt haben oder geschieden sind, nachdem sie mit dem Studium angefangen haben. Sie wissen nicht, welchen Elternteil sie zu Weihnachten besuchen sollen, deshalb bleiben sie in ihrem Wohnheim."

> *Wenn man schwierige Zeiten durchsteht und lange genug zusammenbleibt, um zu lernen, wie man einander liebt, ermutigt und unterstützt, sind auch die Kinder dankbar, dass man zusammengeblieben ist.*

Das machte uns traurig, aber was unser Sohn gesagt hatte, bestätigte uns sehr. Wenn man schwierige Zeiten durchsteht und lange genug zusammenbleibt, um zu lernen, wie man einander liebt, ermutigt und unterstützt, sind auch die Kinder dankbar, dass man zusammengeblieben ist.

„Eine Hoffnung bleibt mir noch"

John und Carol sind nicht die Einzigen, die von Arbeitslosigkeit und der Suche nach einer neuen Stelle betroffen sind. Schon lange gibt es keine Vollbeschäftigung mehr; immer wieder werden Stellen gestrichen und vor allem ältere Arbeitnehmer aus den Betrieben gedrängt oder entlassen. Damit geht häufig das Gefühl einher, die eigene Identität und den Boden unter den Füßen zu verlieren. Die Suche nach einer neuen Stelle löst oft eine neue Kette von Enttäuschungen aus.

Die globale Wirtschaftskrise, unter der wir leiden, richtet in Betrieben wie auch im persönlichen Leben ein riesiges Chaos an. Alan und Marie sind dafür ein Beispiel: Vor vielen Jahren mussten sie Kredite aufnehmen, um eine langwierige Krebsbehandlung von Marie bezahlen zu können. Seitdem kämpften sie beharrlich gegen diesen Schuldenberg an. Zwanzig Jahre lang arbeiteten sie hart und lebten sehr sparsam, um die Schulden zurückzahlen zu können. Doch vor Kurzem, als alle Kredite fast abbezahlt waren, erfuhr Alan, der seit vielen Jahre in derselben Firma war, dass sein Gehalt gekürzt werden würde.

Das war mehr, als Alan und Marie ertragen konnten. „Ich war wütend", gesteht Marie. „Das hat mich richtig aufgebracht."

Über die Krebsbehandlung sagt sie: „Diese Chemotherapie war eine unerträgliche Qual." Eine Freundin, die eine ähnliche Behandlung über sich ergehen lassen musste, hatte zu Hause eine Grube ausgehoben, um Spannung abzubauen. „Immer wenn es richtig schlimm wurde, habe ich Glas hineingeworfen, bis es zerbrach", erzählt Marie. „Wenn ich Wut im Bauch hatte, sagte meine Freundin: ‚Gut, wir schmeißen jetzt Glas rein!' Ich zerschmetterte ein ziemlich großes Einmachglas in der Grube. Das sorgte tatsächlich für Erleichterung."

Sie war noch nicht ganz gesund, als Alan und sie mit einer neuen Katastrophe konfrontiert wurde: eine langwierige und schwere Krankheit ihres Sohns und neue horrende Rechnungen für Krankenhaus und Behandlung. Die nächsten acht Jahre waren laut Alan von „unerbittlichem, aufreibendem Schmerz" geprägt. „Meistens fühlte es sich an, als hätte Gott mich und meine Familie im Stich gelassen."

Dann stieß er auf Bibelstellen, die ihn begreifen ließen, dass er sich sehr wohl von Gott im Stich gelassen *fühlen* konnte und trotzdem in seinem Schmerz zu ihm schreien durfte. Wie der Psalmist in Psalm 88 konnte er beten, ohne seine Gefühle zu verleugnen.

Denselben Realismus entdeckte Alan im „weinenden Propheten". In Klagelieder 3 beklagt sich Jeremia, dass Gott „ihn immer tiefer in die Finsternis getrieben" habe. „In Dunkelheit lässt er mich zurück [...] Mit schweren Ketten hat er mich gefesselt [...] ich komme nicht mehr heraus! Er hat mich vom Weg gedrängt, mich zerfleischt und hilflos liegen lassen."[14]

Das sind nicht gerade die Bibelstellen, von denen man sich Inspiration erhofft. Doch sie brachten in Alan eine Saite zum Schwingen und halfen ihm dabei, seinen tiefsten und schmerzhaftesten Emotionen Ausdruck zu verleihen. Er begriff, dass die düsteren Prophetenworte den Weg zum Licht weisen: „Und doch denke ich ständig daran und liege am Boden", schreibt Jeremia. „Aber eine Hoffnung bleibt mir noch, an ihr halte ich fest: Die Güte des Herrn hat kein Ende, sein Erbarmen hört niemals auf, es ist jeden Morgen neu! Groß ist deine Treue, o Herr!"[15]

> *Die Güte des Herrn hat kein Ende, sein Erbarmen hört niemals auf, es ist jeden Morgen neu! Groß ist deine Treue, o Herr!*

Aber eine Hoffnung bleibt mir noch. Mit diesem Satz des Propheten konnte sich Alan identifizieren und so hielt er seine Hoffnung trotz aller Schwierigkeiten lebendig.

Eine Hoffnung bleibt mir noch. Alan sagt: „Wenn uns die Dunkelheit umgibt, können wir uns an Gottes Liebe und grenzenlose Barmherzigkeit erinnern. Das hält uns aufrecht."

Die Probleme hören nicht auf. Nur drei Wochen vor unserem Gespräch hatte Alan erfahren, dass seine Stelle auf vier

---

14   Klagelieder 3,6-11; Hoffnung für alle.
15   Klagelieder 3,20-23; Hoffnung für alle.

Tage pro Woche reduziert werden soll und er nur noch 80 Prozent des bereits gekürzten Gehalts verdienen wird.

Marie reagiert auf diese letzte Wendung der Dinge völlig anders als im Jahr zuvor. Wie Alan macht sie sich auf die Suche nach geistlichen Schätzen und findet Trost darin, dass Jesus selbst leiden musste und dennoch dieses großartige Versprechen gab: „In der Welt habt ihr Angst, aber lasst euch nicht entmutigen: Ich habe die Welt besiegt.“[16]

Maries erster Gedanke war, die Extraspende für ihre Gemeinde am Jahresende einfach ausfallen zu lassen, weil sie selbst so wenig Geld zur Verfügung haben. Doch als sie im Gebet diese Situation vor Gott brachte, verspürte sie einen inneren Frieden, was diese Spende betraf.

Sie hatte das Gefühl, Gott sage zu ihr: „Vertrau mir.“

Alan und Marie haben zu hoffen gewagt, eine sehr lange Zeit und in manchen Fällen gegen alle medizinische Wahrscheinlichkeit. Einige dieser Hoffnungen sind auf wunderbare Weise Wirklichkeit geworden. Ihren beiden Söhnen geht es heute gesundheitlich sehr gut und sie freuen sich, dass sie nun eine Schwiegertochter haben, die neuen Schwung in die Familie bringt.

Lassen Sie die Wut heraus!

Alan und Marie zeigen, wie wichtig die spirituelle Dimension ist, wenn wir mit dem Verlust der Arbeitsstelle und finanziellen Rückschlägen zurechtkommen müssen. Es ist so einfach, auf die Firma zu schimpfen, die uns unfair behandelt hat. Wenn wir aber zu viel Zeit darauf verwenden, uns auf die Ungerechtigkeit zu konzentrieren, und zulassen, dass die Wut unser Leben bestimmt, entgeht uns die Erfahrung, dass Gott

---

16   Johannes 16,33; Hoffnung für alle.

uns Frieden schenkt, wenn wir unsere Verletzungen vor ihn bringen und ihn zu uns sprechen lassen.

Wenn ich meine Stelle verliere oder unfair behandelt werde, ist es an der Zeit, dass ich auf Gott schaue, damit er mir den Weg zeigt. Doch bevor wir vorwärtsgehen können, ist es wichtig, dass wir unseren Zorn und unsere Verletzungen vor Gott bekennen und darauf vertrauen, dass er uns einen Weg in die Zukunft zeigt. Wenn wir es zulassen, wird Gott uns dabei helfen, dass unser Glaube in allen Schwierigkeiten tiefer und fester wird.

> *Wenn wir es zulassen, wird Gott uns dabei helfen, dass unser Glaube in allen Schwierigkeiten tiefer und fester wird.*

Wie können wir also planen?

Mit aller Freude, Schmerz und Stress, den das Arbeitsleben mit sich bringt, kann das Rentnerdasein ziemlich attraktiv wirken. Stimmt's?

Eine Bekannte erzählte mir:

Neulich habe ich gehört, dass ein Paar, das wir schon über dreißig Jahre kennen, gerade in Rente gegangen ist. Der Mann ist genauso alt wie ich. Sie sind die Ersten unter unseren gleichaltrigen Bekannten, die wirklich und wahrhaftig in Rente gegangen sind – nicht weil sie ihre Stelle verloren haben oder weil sie Altersteilzeit beantragt haben und immer noch ein paar Stunden arbeiten. Nein, sie haben mit dem Thema Arbeit komplett abgeschlossen. Ich habe mir gedacht: „Würde ich wirklich mit ihnen tauschen wollen und mir nie mehr Gedanken über die Arbeit machen?" Ehrlich gesagt: wahrscheinlich nicht. Aber trotzdem ...

Wir unterhielten uns mit Peter, 61 Jahre alt, der drei Monate krankgeschrieben war, weil er ein neues Knie bekommen hatte. Er war erleichtert, als er endlich an seinen Arbeitsplatz zurückkehren konnte, weil er es satthatte, nur fernzusehen und sonst nichts zu tun. Seine Frau hatte es auch satt.

„Sie sagt: ‚Verzieh dich woanders hin.‘ Ich entgegne: ‚Ich sitze schon in meinem Zimmer, so weit entfernt von dir, wie es in diesem Haus überhaupt nur geht.‘ Sie sagt, ich soll dann eben noch woanders hingehen, egal wo. ‚Warum gehst *du* denn nicht woanders hin?‘, frage ich zurück, aber sie sagt: ‚Ich war zuerst hier.‘“

Sein Dilemma erinnert uns an den Mann, der über sein Rentnerdasein klagte: „Zweimal so viel Ehefrau und halb so viel Geld!“

„In Florida haben wir Freunde“, erzählt Peter. „Er ist seit zwei Jahren pensioniert und seine Frau meint zu ihm: ‚Du brauchst einen neuen Job oder ein Hobby oder irgendetwas anderes.‘ Unser Finanzberater sagt, dass wir schon jetzt in Rente gehen können, aber das werde ich auf keinen Fall tun.“

Aber jeder von uns, der ein wenig Lebenserfahrung hat, kann es persönlich bezeugen: Wir haben es nicht immer in der Hand, was wir tun oder lassen werden. Weder mein Ehepartner noch ich haben eine Garantie dafür, dass wir gesund bleiben. Selbst die loyalsten und besten Angestellten können entlassen werden. Kleinbetriebe melden Konkurs an. Oder eines Tages stehen Angehörige vor der Tür, die unsere Hilfe brauchen, so wie im Fall von John und Carole.

> *Wir haben es nicht immer in der Hand, was wir tun oder lassen werden.*

Ein paar Fragen ...

Wir kennen ihn in den meisten Fällen schon lange genau und die meisten von uns nähern sich ihm mit gemischten Gefühlen. Trotzdem ist er doch ganz plötzlich da: der Tag, an dem wir in den Ruhestand gehen. Von einem Tag auf den anderen ist unser Job, dem wir in vielen Jahren unseres Lebens viel Zeit und Energie gewidmet haben, vorbei. Sicherlich freuen sich die meisten von uns auf den Tag, an dem die Verpflichtung endet, Tag für Tag pünktlich zur Arbeit erscheinen zu müssen. Doch wahrscheinlich schwingen auch andere, sorgenvolle Gefühle mit. Vielleicht haben wir die Befürchtung, plötzlich vor dem Nichts zu stehen oder von einem Tag auf den anderen nutzlos und überflüssig zu sein. Oder wir fragen uns, womit wir die Stunden ausfüllen sollen, die zuvor von unserer Arbeit in Beschlag genommen wurden. Deshalb ist es wichtig, dass Sie sich schon im Voraus einige Gedanken darüber machen, wie Sie Ihren Ruhestand gestalten möchten.

Für viele von uns gelten gesetzliche Vorgaben, wann das Renteneintrittsalter erreicht ist. Doch für diejenigen, die selbstständig arbeiten oder eine Firma, einen Handwerksbetrieb oder ein anderes Unternehmen besitzen, stellt sich natürlich vor allem die Frage nach dem richtigen Zeitpunkt. Wann ist der Moment erreicht, an dem ich meinen Betrieb in andere Hände übergebe? Kann oder will ich noch länger arbeiten? Wie wird die Nachfolge geregelt? Soll ich mich vollkommen zurückziehen oder noch weiter beratend zur Verfügung stehen? Darauf kann an dieser Stelle nicht ausführlich eingegangen werden, zumal die Situation für jeden Betrieb anders aussieht. Wir empfehlen Ihnen auf jeden Fall, sich dafür kompetente Berater zu suchen, die Sie bei diesem Prozess langfristig begleiten. Zudem legen wir Ihnen ans Herz, dass Sie sich rechtzeitig mit diesen Themen auseinandersetzen und dabei auch die unten aufgeführten Fragen bedenken, die alle betreffen, die an der Schwelle zum Ruhestand stehen.

Eine der grundlegenden Fragen lautet: Was will ich mit meinem Leben nach der Pensionierung anfangen? Versuchen Sie, eine realistische Antwort zu geben.

Manch einer, der in Rente gegangen ist, um Golf zu spielen, erzählte uns, dass schon nach drei Monaten das Interesse daran nachgelassen habe.

Was will ich mit meinem Leben nach der Pensionierung anfangen?

Ein anderer Freund berichtete uns dagegen begeistert: „Jetzt, wo ich pensioniert bin, kann ich einigen Interessen nachgehen, für die ich nie Zeit gehabt habe. Dieses Semester habe ich mich zum Beispiel für einen Kunstkurs an unserer Volkshochschule angemeldet. Ich habe schon immer malen wollen und finde das jetzt sehr spannend."

Wieder ein anderer Pensionär freute sich darüber, dass er endlich Zeit fand zum Lesen. „Es gibt so viele Bücher, die ich im Lauf der Jahre immer mal lesen wollte, aber ich habe nie die Zeit dafür gehabt. Jetzt genieße ich es richtig. Manchmal lese ich in der Bibliothek, manchmal gehe ich in mein Lieblingscafé. In letzter Zeit bin ich auch manchmal in der Kirche gewesen und habe mir ein stilles Eckchen zum Lesen gesucht. Im Sommer sitze ich auf einer Parkbank und lese. Das ist richtig aufregend."

Unsere Beobachtungen haben uns gezeigt, dass Menschen, die mit genauen Vorstellungen über ihre zukünftige Zeitgestaltung in Rente gehen, diese Zeit im Allgemeinen genießen. Wer sich dagegen ohne bestimmten Plan zur Ruhe setzt, wird schnell sehr gelangweilt sein.

Die nächste Frage lautet: Was können wir uns finanziell leisten, wenn wir in den Ruhestand gegangen sind? Es gibt keine allgemeingültige Antwort auf die Frage, welche Vermögenswerte man braucht, um in Rente zu gehen. Wir raten Ihnen jedoch, sich vorab zu informieren und eventuell mit einem Finanzberater zu sprechen, der Ihnen helfen kann, Ihre

Was können wir uns finanziell leisten, wenn wir in den Ruhestand gegangen sind?

finanzielle Position einzuschätzen. Für manche wird die Rente bedeuten, ihren Lebensstil zu verändern. Ihre Renteneinkünfte   werden es ihnen nicht erlauben, den Lebensstandard beizubehalten, den sie gewohnt sind. Das eigene Vermögen realistisch einzuschätzen hilft ihnen, kluge Entscheidungen im Hinblick auf die Zeit nach der Pensionierung zu treffen.

Was uns im Hinblick auf das Ende unseres Arbeitslebens häufig auch umtreibt, ist die Sorge, mit einem Mal nutzlos und überflüssig zu sein. Für viele ist der Beruf mehr als nur eine Möglichkeit, den Lebensunterhalt zu verdienen. Viele engagieren sich mit großer Überzeugung für ihre Arbeit, übernehmen Verantwortung, bringen Leistung, Kreativität und Engagement ein. Was, wenn das von einem auf den anderen Tag wegfällt? Natürlich ist es schön, Zeit für die angenehmen Dinge des Lebens zu haben – siehe oben. Doch der Wunsch, sich für etwas Sinnvolles einzusetzen, gebraucht zu werden, etwas bewegen oder verändern zu können, verlässt uns ja nicht, nur weil wir jetzt in den Ruhestand gehen. Als Christen fragen wir uns, welche Aufgabe und Herausforderung in diesem neuen Lebensabschnitt auf uns wartet.

Was hat unser christlicher Glaube mit unserer Arbeit zu tun? Die Bibel erzählt, dass Gott in der Schöpfung den Menschen anwies, sechs Tage pro Woche zu arbeiten und am siebten auszuruhen. Die Motivation für unsere Arbeit ist es, unser Leben und das unserer Familie zu erhalten und wenn möglich zu verbessern. Für uns Christen ist es zudem ein wichtiges Thema, dass wir Gott dienen – in unserem Beruf und in unseren ehrenamtlichen Aufgaben. Das heißt natürlich nicht, dass wir uns alle für geistliche Berufe oder Ehrenämter ausschließlich in Gemeinden und christlichen Organisationen entscheiden müssen. Auch als Wirtschaftsprüfer, Köchin oder

Bankangestellter kann ich Gott dienen; ebenso auch als Trainer einer Fußball-Jugendmannschaft oder als Helferin bei einer Flüchtlingsinitiative. Wichtig ist allein, dass wir Gottes Auftrag für uns im Blick behalten und uns fragen, was wir tun können, um ihm und anderen Menschen am besten dienen zu können.

Vor einigen Jahren war ich (Gary) in Thailand, wo ich mich mit Gary und Evelyn Harth- cock traf. Beide sind schon über achtzig und unterrich- ten seit vielen Jahren dort Englisch als Fremdsprache. Den Lehrplan haben sie von der Bibel her entwickelt. Sie

Die Motivation für unsere Arbeit ist es, unser Leben und das unse- rer Familie zu erhalten und wenn möglich zu verbessern.

bringen den Einheimischen das Lesen bei und geben gleich- zeitig das Evangelium weiter.

Ich frage die beiden: „Wovon lebt ihr?"

Gary entgegnet: „Wir bekommen den Scheck von der Ren- tenkasse und dann habe ich noch eine kleine Betriebsrente. Mehr brauchen wir nicht."

„Wie lange wollt ihr denn hierbleiben?", hake ich nach.

„Solange wir körperlich gesund sind", sagt Gary. „Nach Flo- rida umzuziehen, im Schaukelstuhl zu sitzen und auf den Tod zu warten ist einfach nicht unser Ding."

Garys Worte habe ich niemals vergessen. Ich wünsch- te, jeder Christ würde sich diese Haltung zu eigen machen. Niemals ist unser Leben so lang, dass wir uns pensionieren lassen könnten, wenn es um den Dienst für Gott geht. Albert Schweitzer arbeitete sein ganzes Leben als Arzt im damaligen Französisch-Äquatorialafrika. Als ihm der Friedensnobelpreis überreicht wurde, sagte er: „Eins weiß ich mit Sicherheit: Nur diejenigen unter Ihnen werden wirklich glücklich sein, die da- nach gesucht und gefunden haben, wie man anderen dient."[17]

---

17 George Sweeting, *Who Said That?*, Chicago 1995, S. 250.

5

Nach all den Jahren immer noch sexuell aktiv

Für dieses Kapitel ist es unserer Meinung nach am hilfreichsten, wenn Gary das Thema „Sexualität in fortgeschrittenem Alter" sachlich und direkt aus der Sicht des Wissenschaftlers und Seelsorgers anspricht. Einiges wird Ihnen vertraut sein, andere Fakten und Ratschläge sind Ihnen wahrscheinlich neu. Am Ende des Kapitels finden Sie eine Art Wunschzettel mit Tipps für besseren Sex. Vielleicht erhalten Sie daraus hilfreiche Hinweise, wie Sie mit Ihrem Partner über diesen wichtigen Aspekt Ihrer Ehe reden können.

Als wir zum ersten Mal über das Thema „Nach all den Jahren immer noch sexuell aktiv" sprachen, fielen die Reaktionen ganz unterschiedlich aus.

Eine Frau meinte: „Sex, was war das denn noch gleich?" Sie lachte dabei, aber wir fragten uns, ob Sex für sie der Vergangenheit angehörte.

Eine andere Frau schwärmte dagegen: „Besser als je zuvor. Die Kinder sind aus dem Haus und wir amüsieren uns prächtig."

Ein Mann sagte uns: „Die sexuelle Seite der Ehe ist uns immer sehr wichtig gewesen. Wir mussten in den ersten Jahren hart arbeiten, um den Unterschied zwischen Männern und Frauen zu verstehen. In der zweiten Hälfte unserer Ehe ernten wir nun die Früchte unserer Anstrengungen."

Ein weiterer Mann bekannte: „Ich muss zugeben, dass wir mit diesem Thema immer zu kämpfen hatten. Das hat sich auch in der zweiten Lebenshälfte nicht geändert."

> *Paare unterscheiden sich sehr in der Bewertung von Sexualität.*

Paare unterscheiden sich sehr in der Bewertung von Sexualität. Manche bezeichnen sie als positiv, andere als negativ; für wieder andere kommt sie gar nicht vor.

Wir glauben, dass für einen Christen die sexuelle Seite der Ehe überaus wichtig ist. Die Bibel spricht klar und deutlich von menschlicher Sexualität. Im Schöpfungsbericht sagt Gott: „Es ist nicht gut, dass der Mensch allein sei."[18] Daraufhin erschuf Gott Eva und die Institution der Ehe. Und schließlich sagte Gott: „Und sie werden sein ein Fleisch."[19] Praktisch alle Ausleger sind sich einig, dass der Begriff „ein Fleisch" sich in erster Linie auf den Geschlechtsverkehr bezieht. Beim Geschlechtsverkehr geschieht etwas, das nirgendwo sonst im Leben geschieht. Es ist nicht nur die Berührung zweier Körper (das wäre auch beim Händeschütteln der Fall). Die sexuelle Erfahrung schweißt Mann und Frau auf der tiefsten denkbaren Ebene zusammen: intellektuell, emotional, sozial, geistlich und körperlich. Sie verbindet Mann und Frau und ist das genaue Gegenteil von „allein sein". Es geht nicht um eine Freizeitaktivi-

> *Die sexuelle Erfahrung schweißt Mann und Frau auf der tiefsten denkbaren Ebene zusammen: intellektuell, emotional, sozial, geistlich und körperlich.*

---

18 1. Mose 2,18; Luther 2017.
19 1. Mose 2,24; Luther 2017.

tät zwischen beliebigen Angehörigen beider Geschlechter. Geschlechtsverkehr ist der einzigartige Ausdruck der Liebe und der gegenseitigen Verpflichtung und gehört unserer Meinung nach deshalb in die tiefste Verbindung, die zwei Menschen eingehen können – in die Ehe.

Wenn wir dieses Thema ansprechen, werden häufig Fragen laut: „Wenn Sex so wichtig für die Ehe ist, warum hat Gott uns dann so unterschiedlich erschaffen?" – „Warum werden Männer durch visuelle Eindrücke erregt, Frauen eher durch freundliche Worte und liebevolle Taten?" – „Warum wünschen sich Männer im Allgemeinen öfter Sex als Frauen?".

Wir glauben, dass es diese und andere Unterschiede gibt, weil Gott etwas Bestimmtes im Sinn hatte: Miteinander zu schlafen soll ein Akt der Liebe sein, bei dem beide den anderen glücklich machen wollen. Darum stellt sich erfüllte Sexualität nicht automatisch ein. Vielleicht wies Gott die alten Israeliten deshalb an: „Wenn ein Mann frisch verheiratet ist, darf er nicht zum Kriegsdienst oder zu anderen Aufgaben herangezogen werden. Er soll ein Jahr lang davon befreit sein, damit er ein Zuhause schaffen und seine Frau glücklich machen kann."[20] Wenn wir einfach heiraten und tun, was sich von selbst ergibt, wird das kaum zu erfüllter Sexualität führen. Wenn wir unsere Sexualität dagegen bewusst als einen Akt der Liebe gestalten, der von der Haltung bestimmt ist, den anderen glücklich machen zu wollen, werden beide Partner Erfüllung erleben.

> *Wenn wir unsere Sexualität dagegen bewusst als einen Akt der Liebe gestalten, der von der Haltung bestimmt ist, den anderen glücklich machen zu wollen, werden beide Partner Erfüllung erleben.*

Viele Paare, die in der zweiten Ehehälfte Schwierigkei-

---

20   5. Mose 24,5; Hoffnung für alle.

ten mit dem Thema Sex haben, hatten sie in der ersten auch schon. Die gute Nachricht: Es ist nie zu spät, um etwas Neues zu lernen. Viele Männer und Frauen haben die Erfahrung gemacht, dass die zweite Hälfte ihrer Ehe erfüllender ist als die erste. Sie haben gelernt, ehrlicher zu kommunizieren, investieren mehr Zeit in ihre Beziehung und entdecken beim Bibellesen, dass Gott ganz klar für Sexualität eintritt, wenn sie in die Ehe eingebunden ist.

Gott hatte nie im Sinn, dass Sex nach zwanzig Jahren Ehe in die Abstellkammer verfrachtet wird. Solange wir leben, sind wir geschlechtliche Geschöpfe; unser ganzes Leben lang gehört der sexuelle Aspekt zu einer Beziehung dazu. Natürlich verändert sich unser Körper mit dem Alter. Krankheit oder auch Medikamente können uns in sexueller Hinsicht beeinträchtigen. Doch welche Einschränkungen wir auch immer haben, auf Sex sollten wir nicht verzichten. Wir möchten als Ehepartner einander glücklich machen, wenn wir diesen intimen Aspekt unsere Ehe teilen.

Solange wir leben, sind wir geschlechtliche Geschöpfe; unser ganzes Leben lang gehört der sexuelle Aspekt zu einer Beziehung dazu.

Doch wie können wir die Sexualität lebendig erhalten, wenn wir die körperlichen Veränderungen, die das Alter mit sich bringt, am eigenen Leib erfahren? Zuerst sollten wir zur Kenntnis nehmen, dass unsere innere Einstellung extrem wichtig ist. Eine positive Haltung und die Offenheit, über unsere Gedanken und Gefühle zu sprechen, wenn wir diese Veränderungen an uns wahrnehmen, ermöglicht sexuelle Intimität auch im Alter. Wenn man andererseits lieber glauben möchte, dass Sex jüngeren Jahrgängen vorbehalten ist, Liebe dagegen den älteren Menschen, berauben wir uns selbst und unseren Partner jeglicher sexueller Intimität. Schauen wir uns einige Veränderungen an, die in unserem Körper stattfinden, wenn wir älter werden.

Die Wechseljahre

Das Alter allein reduziert weder sexuelles Verlangen noch die Freude, die man am Sex empfindet. Die Wechseljahre bringen allerdings körperliche Veränderungen mit sich, die Auswirkungen auf die Sexualität der Frau haben. Wann die Wechseljahre einsetzen, ist individuell verschieden. Das kann mit fünfunddreißig der Fall sein, aber auch erst mit siebzig. In den meisten Fällen geschieht das mit Ende vierzig oder Anfang fünfzig.

Die Wechseljahre werden durch die letzte Monatsblutung eingeleitet, die sogenannte Menopause, übersetzt „Aufhören der Menstruation". Sie wird durch reduzierte Hormonproduktion in den Eierstöcken ausgelöst, hauptsächlich die Produktion von Östrogen und Progesteron. Vor allem die verminderte Östrogenausschüttung ist für die meisten körperlichen Veränderungen verantwortlich, die man mit den Wechseljahren in Verbindung bringt. Sie beeinflussen Herz und Kreislauf, den urogenitalen Bereich, Haut, Knochen und Nervensystem. Hitzewallungen sind Frauen in den Wechseljahren und ihren Partnern wohlvertraut und oft auch Vorboten anderer Veränderungen. Vielleicht die entscheidendste Veränderung für Paare, die miteinander schlafen, betrifft den Urogenitaltrakt, also auch die Geschlechtsorgane. Das kann von einer trockenen Scheide über Harninkontinenz bis zu Dyspareunie (Schmerzen beim Geschlechtsverkehr) führen. Plötzlich verliert eine Frau das Interesse an sexueller Intimität, weil Geschlechtsverkehr unangenehm oder sogar mit heftigen Schmerzen verbunden ist. Wenn sie sich sexuell von ihrem Partner abwendet, fühlt er sich womöglich ungeliebt. Die körperlichen Veränderungen können also sogar bewirken, dass sich die Beziehung verändert, obwohl das niemand will. Ein frustrierter Ehemann wirft vielleicht sogar ein Auge auf eine jüngere Frau (mit mehr Östrogen) und trifft dann schlechte Entschei-

dungen mit langfristigen Folgen. Man kann also gar nicht
genug betonen, wie wichtig
es für ein Paar ist, gerade zu
Beginn der Wechseljahre offen miteinander zu reden.

Die körperlichen Veränderungen können also sogar bewirken, dass sich die Beziehung verändert, obwohl das niemand will.

Die Wechseljahre müssen nicht das Ende der sexuellen Intimität bedeuten. Es gibt medizinische Möglichkeiten, dem Absinken des Östrogenspiegels entgegenzuwirken. Lokal ange-
wendetes Östrogen in Form von Tabletten oder einer Creme,
die in der Scheide aufgetragen wird, kann dazu beitragen, das
Gewebe gesund zu erhalten. Studien weisen eine außerordentlich hohe Erfolgsrate nach; bis zu 93 Prozent der Frauen
berichten von einer erheblichen Verbesserung. Zwischen 57
und 75 Prozent der Befragten sagen, dass sie keine Schmerzen mehr im Genitalbereich haben und das Wohlbefinden im
Hinblick auf den Geschlechtsverkehr wiederhergestellt ist.[21]
Wenn Sie lieber kein zusätzliches Östrogen nehmen wollen,
könnten Sie rezeptfreie Mittel in Betracht ziehen, die die
Schmerzen im Genitalbereich lindern. Es gibt beispielsweise
Präparate, die bis zu vier Tage lang Trockenheit in der Scheide
reduzieren und so die Schmerzen beim Geschlechtsverkehr
vermindern. Die eigentliche Ursache der trockenen Scheide
beseitigen sie jedoch nicht. Am besten sprechen Sie mit Ihrem
Arzt über die verschiedenen Möglichkeiten.

Die schlechteste Möglichkeit ist es unserer Ansicht nach,
völlig auf Sex zu verzichten. Ein offenes Gespräch mit Ihrem
Partner und Ihrem Arzt wird
wahrscheinlich dazu führen,
dass Sie eine gute sexuelle Beziehung weiterführen
können.

Die schlechteste Möglichkeit ist es unserer Ansicht nach, völlig auf Sex zu verzichten.

---

21 Siehe www.healthywomen.org/content/article/sex-after-50, 2.

Manche Frauen vertreten den Standpunkt, dass die körperlichen Veränderungen in den Wechseljahren einfach ein Hinweis darauf sind, dass nun die Zeit gekommen sei, in der man auf Geschlechtsverkehr verzichten sollte. Deshalb widerstrebt es ihnen, ärztliche Hilfe in Anspruch zu nehmen. Doch ist es nicht interessant, dass wir uns diese Logik nicht zu eigen machen, wenn es um andere Aspekte des alternden Körpers geht? Zum Beispiel greifen wir, ohne zu zögern, zur Brille, wenn die Sehkraft nachlässt, oder lassen uns sogar operieren, wenn wir an Grauem Star leiden. Warum sollten wir die Vorteile der modernen Medizin in Anspruch nehmen, wenn es um bestimmte Bereiche unseres Körpers geht, aber jegliche Behandlung ablehnen, wenn es um die Geschlechtsorgane geht?

Die Wechseljahres des Mannes

Die Wechseljahre des Mannes, auch „Andropause" oder „Aging Male Syndrome" (AMS) genannt, setzen ungefähr im gleichen Alter wie die der Frau ein: irgendwann zwischen fünfunddreißig und siebzig Jahren, meistens aber mit Anfang fünfzig. Diese Veränderung ist gekennzeichnet durch einen sinkenden Hormonspiegel, in diesem Fall von Testosteron, dem männlichen Geschlechtshormon. Beim Mann sinkt der Hormonspiegel langsamer als bei der Frau, bei der die Wechseljahre durch einen plötzlichen Abfall eingeleitet werden. Doch auch wenn der Hormonspiegel nur allmählich sinkt, hat das durchaus wahrnehmbare Auswirkungen: Man(n) hat weniger Energie; Geschlechtstrieb, Körperkraft und Ausdauer lassen nach; es kommt zu Stimmungsschwankungen und zu kürzeren und schwächeren Erektionen. Das alles *kann* geschehen, *muss* aber nicht in jedem Fall. Viele Männer haben mit sechzig, siebzig, ja über achtzig Jahren noch ein erfülltes Sexualleben mit ihrer Frau.

Wenn man sich Fernsehwerbung anschaut, könnte man den Eindruck bekommen, dass jeder Mann über fünfzig unter Erektionsstörungen leidet. Das ist nicht der Fall. Eine erektile Dysfunktion bedeutet, dass der Penis des Manns nach längerer körperlicher Stimulation nicht mehr steif wird. Die Mehrheit der Männer über fünfzig leidet nicht darunter; dennoch sind viele Männer mit ihrer Erektion unzufrieden. Die Erektion ist nicht mehr so hart und tritt nicht mehr so schnell ein wie damals, als sie noch jünger waren, und deswegen machen sie sich Sorgen und meinen, es handele sich um eine Dysfunktion. Nun ist es so, dass sich Erektionen mit dem Absinken des Testosteronspiegels verändern. Bei manchen Männern ist das ein allmählicher Prozess, bei anderen geschieht es schneller. Um zu einer Erektion zu kommen, brauchen sie mehr körperliche Stimulation, der Penis wird langsamer steif und ist nicht mehr so hart wie früher, als sie noch dreißig oder vierzig waren. Doch das bedeutet nicht, dass eine krankhafte Erektionsstörung vorliegt. Solche Veränderungen sind normal und lassen sich nicht vermeiden. Es gibt aber Faktoren, die diese Entwicklung aufschieben oder sogar umkehren können. Dazu gehört zum Beispiel, körperlich in Form zu bleiben, Alkohol und Drogen zu meiden, mit dem Rauchen aufzuhören, morgens Sex zu haben, weil man dann noch mehr Energie hat, Stress in anderen Lebensbereichen zu reduzieren, die Beziehung zum Partner noch positiver zu gestalten – all das kann die körperlichen Veränderungen, die in Ihrem Körper stattfinden, auf ein Minimum reduzieren.[22]

Dass ein Mann mit fortschreitendem Alter langsamer stimuliert wird, kann der Intimität sogar guttun. Junge Paare haben oft Probleme, weil junge Männer schneller erregt werden als junge Frauen. Sie erreichen den Höhepunkt oft schon, bevor die Frau richtig in Stimmung gekommen ist. Wenn der

---

22 Siehe www.psychologytoday.com/blog/all-about-sex/201205/erection-changes-after-50.

absinkende Testosteronspiegel bewirkt, dass der Mann nicht mehr so schnell stimuliert wird, passt sich sein Tempo an das seiner Frau an – und das ist ein großer Pluspunkt. Ein langsameres Tempo gibt beiden mehr Zeit zum Küssen, Kuscheln und anderen Berührungen, die für die Frau wichtig sind, damit sie die sexuelle Intimität genießen kann.

Manche verheirateten Männer, die keinen Unterschied zwischen Erektionsstörung und Unzufriedenheit mit der Erektion sehen, greifen zu Medikamenten, die im Fernsehen beworben werden. Sie glauben, damit werde ihre jugendliche Kraft wiederhergestellt, doch die meisten werden bitter enttäuscht. Für Männer, die wirklich unter einer erektilen Dysfunktion leiden, lohnt es sich, diese Medikamente auszuprobieren, aber erwarten Sie keine Wunder. Bei etwa zwei Dritteln aller Männer wird die Erektion verbessert. Doch selbst wenn diese Medikamente wirken, geben auch sie den Männern ihre Jugend nicht zurück. Wichtig zu wissen ist übrigens, dass diese Pillen Männer nicht erregen. Männer können mit ihnen also eine Erektion haben, ohne Interesse an Sex zu verspüren. Viele Männer sind von der Wirkung enttäuscht.

Was soll ein Mann also machen, wenn er impotent ist, keine Erektion mehr bekommt oder sie nicht lange genug dauert, um Geschlechtsverkehr zu haben? Das Problem kann sich noch verstärken, wenn seine Frau in den Wechseljahren Geschlechtsverkehr als schmerzhaft empfindet, obwohl sie schon nach medizinischen Lösungen gesucht hat.

In Wirklichkeit ist es aber so, dass man großartigen Sex ohne Geschlechtsverkehr haben kann.

Die meisten Männer nehmen an, dass für den Geschlechtsverkehr eine Erektion notwendig ist. In Wirklichkeit ist es aber so, dass man großartigen Sex ohne Geschlechtsverkehr haben kann. In dieser Phase des Lebens können Paare mit einer gesunden Beziehung lernen, einander sexuell glücklich zu machen, indem sie sich küssen, kuscheln, streicheln, massieren oder anders auf sexuell erregende Weise berühren. In diesem Kontext, der von gegenseitiger Liebe geprägt ist, kann die Frau immer noch einen Orgasmus erleben und der Mann zum Höhepunkt kommen. Und beides kann so intensiv und bedeutungsvoll sein wie der Geschlechtsverkehr selbst.

Es hört mit dem Alter nicht auf, dass man einander sexuell befriedigt. Oft sind die Probleme, die in der zweiten Ehehälfte mit Sex in Verbindung gebracht werden, nicht auf den niedrigeren Östrogen- und Testosteronspiegel zurückzuführen, sondern auf die Qualität der Beziehung zwischen Mann und Frau. Sex war niemals so gedacht, dass man ihn vom restlichen Leben abkoppeln könnte. Darum kann die emotionale Liebe ein Leben lang erhalten werden, wenn Sie die für ihren Partner wichtigste Sprache der Liebe verstehen und regelmäßig selbst sprechen. Wenn sich eine Frau von ihrem Mann geliebt fühlt und ihr Mann sich von ihr, schafft das ein emotionales Klima, in dem die beiden einander sexuell glücklich machen können, wie immer ihre Grenzen und Einschränkungen auch aussehen.

Sex war niemals so gedacht, dass man ihn vom restlichen Leben abkoppeln könnte.

Greifen wir noch einmal die *Fünf Sprachen der Liebe* auf, wie sie in Kapitel 2 dargestellt wurden: *Lob und Anerkennung; Hilfsbereitschaft; Geschenke, die von Herzen kommen; Zweisamkeit – Zeit nur für dich; Zärtlichkeit.* Wenn Sie und Ihr Partner Ihre Sprachen der Liebe noch nicht entdeckt haben, empfehlen wir Ihnen, *Die fünf Sprachen der Liebe* zu lesen. Es kann auch hilfreich sein, wenn Sie den Fragebogen im Anhang dieses Buches ausfüllen. Wenn Sie die Qualität der

Wenn Sie die Qualität der emotionalen Bindung erhöhen, stehen die Chancen gut, dass auch Ihre sexuelle Beziehung besser wird.

emotionalen Bindung erhöhen, stehen die Chancen gut, dass auch Ihre sexuelle Beziehung besser wird.

Kommunikation, die zum gegenseitigen Verständnis führt, und Liebe, die offen für Veränderungen ist, sind von wesentlicher Bedeutung, wenn wir in der zweiten Ehehälfte sexuelle Befriedigung finden möchten. Wir haben einige Ehepaare gebeten, einander die folgenden Fragen zu stellen.

- *Was können wir tun, um unsere sexuelle Beziehung zu verbessern?*
- *Wünschst du dir, dass ich etwas tue – oder auch lasse –, um unsere sexuelle Beziehung für dich besser zu gestalten?*
- *Wenn ich unsere sexuelle Beziehung in einem einzigen Punkt verbessern könnte, was wäre das?*

Unten listen wir einige Antworten auf, die wir auf die zweite Frage erhielten. Lesen Sie einmal diese Aussagen von anderen Menschen; machen Sie ein Häkchen hinter die, die Sie gern Ihrem Ehepartner sagen würden; fügen Sie alles an, was Ihnen noch einfällt. Und dann setzen Sie sich gemeinsam hin und erzählen einander, was Sie sich vom anderen wünschen, was er bzw. sie tun oder lassen soll, um Ihre sexuelle Beziehung für Sie besser zu gestalten. Vergessen Sie nicht, dass Ihr Partner Experte ist, was ihn oder sie selbst betrifft. Nehmen Sie die Wünsche des anderen ernst.

Was wünschen sich Frauen von ihren Männern, um die sexuelle Beziehung zu verbessern?

1. Ich wünschte, er würde sich mehr pflegen, damit ich mich körperlich mehr von ihm angezogen fühle.
2. Ich wünschte, er wüsste, dass alles, was er tagsüber tut, Auswirkungen auf den Sex am Abend hat.

3. Ich wünschte, er würde sich Zeit nehmen, um mir zu-zuhören, ohne dass Computer, Radio oder Fernseher laufen.

4. Ich wünschte, er würde mir zuhören, ohne meine Ge-danken und Gefühle zu kritisieren.

5. Ich wünschte, er würde mich berühren, auch wenn er keinen Sex will. Dazu noch ein paar Küsse und Umar-mungen und ich würde mich mehr für Sex interessie-ren.

6. Ich wünschte, er würde mir zu verstehen geben, dass er stolz auf mich ist und froh darüber, dass ich seine Frau bin.

7. Ich wünschte, wir hätten einen festen Tag, an dem wir ausgehen, ohne darüber zu reden, was das wieder kos-tet – einfach, um mal etwas Neues auszuprobieren.

8. Ich wünschte, er würde begreifen, dass die Art und Wei-se, wie er sich nach der Arbeit aufführt oder wenn wir abends zusammensitzen (grantig, ungeduldig, reizbar), den Ton für die Nacht angibt. Ich habe keinen Schalter, mit dem ich einfach alles wegklicken kann und plötz-lich Lust auf Sex mit ihm habe.

9. Ich wünschte, mein Mann würde sich daran erinnern, dass mir Geschlechtsverkehr Schmerzen bereitet (ich bin in den Wechseljahren). Ich möchte ihn glücklich machen, weil ich ihn sehr liebe.

10. Ich wünschte, er würde verstehen, dass mein mangeln-des Interesse nichts mit ihm zu tun hat. Es liegt aus-schließlich daran, dass ich zu wenig Zeit, zu wenig Kraft und zu viel Stress habe.

11. Ich wünschte, er würde zusammen mit mir auch an un-serem geistlichen Leben arbeiten.

12. Ich wünschte, mein Mann würde sich ärztlichen Rat holen, weil er impotent ist. Dieses Problem zieht sich schon über Jahre hin.

Was wünschen sich Männer von ihren Frauen, um die sexuelle Beziehung zu verbessern?

1. Ich wünschte, sie würde mit mir zusammen Sport machen.

2. Ich wünschte, die Initiative zum Sex würde öfter mal von meiner Frau ausgehen. Ich genieße es, wenn sie aktiver ist und den Stein ins Rollen bringt.

3. Ich wünschte, sie würde mit mir offener über diesen Aspekt unserer Ehe reden.

4. Ich wünschte, unser Sexleben wäre abwechslungsreicher und wir würden öfter miteinander schlafen.

5. Ich wünschte, wir hätten öfter Sex als nur einmal im Jahr. Ich wünschte, sie wäre mit den Gedanken ganz bei mir und nicht bei ihrer Familie (ihrer Mutter und ihrem Vater). Vielleicht können wir endlich mal Sex haben, wenn sie gestorben sind.

6. Ich wünschte, für meine Frau wäre Sex etwas, das wir beide genießen. Immer mehr geht es offenbar darum, dass meine Bedürfnisse befriedigt werden, und nicht mehr um ein aufregendes Erlebnis für uns beide.

7. Ich wünschte, sie könnte Erlebnisse aus der Vergangenheit loslassen und unsere sexuelle Beziehung hier und jetzt genießen.

8. Ich wünschte, meine Frau würde medizinische Hilfe suchen, weil sie ein körperliches Problem hat, das zu Schmerzen beim Geschlechtsverkehr führt. Ich bin frustriert und weiß nicht, warum sie nicht zum Arzt geht.

9. Im Lauf der Jahre ist ihr Schrank mit schöner Unterwäsche immer voller geworden, wird aber immer seltener geöffnet. Sie ist eine schöne Frau und ich würde es gerne sehen, wenn sie den Schrank öfter mal aufmacht und die Wäsche anzieht.

10. Ich wünschte, sie würde wach bleiben, wenn wir Sex haben. Ihr soll es ebenso gefallen wir mir und es macht keinen Spaß, mit jemandem zu schlafen, der nicht einmal bei Bewusstsein ist.

11. Ich wünschte, wir könnten unserer körperlichen Beziehung mehr Zeit widmen. Ich wünschte mir, sie könnte verstehen, wie wichtig das ist. Ich vermisse die Nähe.

12. Ich wünschte mir, meine Frau würde mir erlauben, sie auch in sexueller Hinsicht glücklich zu machen. Sie steht generell auf dem Standpunkt, dass Sex etwas „Schmutziges" ist. Ich weiß, dass sie als Kind sexuell missbraucht wurde, aber sie weigert sich, in die Seelsorge zu gehen.

13. Ich wünschte, sie würde Vorschläge machen, wie ihr Sex noch besser gefällt.

6

Hab keine Angst?

Manchmal macht man sich Sorgen. Manchmal hat man richtig Angst. Und manchmal stellt sich entsetzliche Panik ein.

Sorgen, Angst und Panik suchen viele von uns heim, meistens mitten in der Nacht. *Wird der Krebs zurückkommen? Werden wir es uns leisten können, weiterhin in unserem Haus zu wohnen? Wie wird es unserem Sohn ergehen, der gerade Eheprobleme hat? Habe ich da gerade ein Geräusch gehört?*

Viele von uns, die gerade die zweite Ehehälfte genießen, finden eine Menge Dinge, die sie glücklich machen. Wir sind nicht allein. Wir haben einen Partner. Wir haben Verluste erlebt und überlebt. Wir haben genug zu essen, ein Dach über dem Kopf, Familie und Freunde. Wir können die Aussagen in neueren Studien bestätigen, die uns sagen, dass Menschen mit fortschreitendem Alter immer glücklicher werden.

Bis zu einem bestimmten Punkt jedenfalls. Ein Ehepaar erzählte uns: „In der ersten Hälfte unserer Ehe hatten wir Stress: Wir mussten das Auto und das Haus abbezahlen und die Kinder großziehen, aber Angst hatten wir nicht. Aber jetzt haben

wir Angst: weil unsere Kraft nachlässt, dass uns das Geld ausgeht, dass wir krank werden oder dement."

Amerikaner im Alter von fünfundfünfzig Jahren und darüber geraten immer häufiger in Schulden. Paare wie John und
Carole sind von Arbeitslosigkeit bedroht. Andere fragen sich
bang, wie lange sie ihre Stelle noch behalten können.

Ein pensioniertes Paar meinte: „Wir können gar nicht glauben, wie viel die Pflegeleistungen für ältere Menschen kosten.
Wir haben das gesamte Arbeitsleben lang gespart, aber wenn
wir nicht bald sterben, sind wir pleite." Doch egal welchen Alters: Ab fünfzig aufwärts bekräftigten alle diese Paare, dass sie
einander schätzen und dass es ihnen im Großen und Ganzen
gut ging.

Ein Mann sagte: „Wir sind uns immer bewusst, was alles
passieren könnte, aber wir versuchen im Augenblick zu leben
und dankbar für das Gute zu sein."

Das ist nicht immer einfach.

Wir sind Lebewesen, die von körperlichen oder seelischen
Krankheiten, Unfällen und anderen Problemen getroffen
werden können – es gibt mehr als genug, weswegen wir uns
Sorgen machen könnten. So ist die Situation des Menschen
nun einmal. Unglücklicherweise beschleunigt unsere Kultur
diesen Prozess noch und überflutet uns mit Informationen
und erbarmungslosen Bildern von allem, was in unserer Welt
an Schrecklichem geschieht.
Amy Simpson schreibt in ihrem Buch *Anxious* („Ängst-
lich"), dass viele von uns „ver-

> Es gibt mehr als genug, weswegen
> wir uns Sorgen machen könnten.

rückt vor Angst sind. Angst gehört zu unserer Kultur." Sie fand
heraus, dass „die unbekannte Zukunft" die Ursache Nummer
eins unserer Angst ist.

„Man kann sich schuldig fühlen, weil man Angst hat"

An diesem Punkt kommt der Glaube ins Spiel.

Jesus hatte eine Menge über Angst zu sagen und er sagte es seinen engsten Freunden. Seine Aussagen sind so praktisch, dass das Beste, was uns heutige Verhaltensforscher dazu sagen, darin angesprochen wird.

Einmal warnte Jesus seine Zuhörer vor Habgier. Er erzählte ihnen von einem reichen Bauern, der sich voller Zuversicht, weiterhin in Luxus schwelgen zu können, aus dem Arbeitsleben zurückziehen wollte. Doch diesen Mann nannte Jesus einen Narren. Schließlich trifft der Tod jeden – auch Menschen mit einem dicken finanziellen Polster. Dann wandte er sich an seine Freunde und gab ihnen diesen Ratschlag, der an Deutlichkeit nichts zu wünschen übrig ließ: „Macht euch keine Sorgen um euren Lebensunterhalt, um Essen, Trinken und Kleidung. Leben bedeutet mehr als Essen und Trinken, und der Mensch ist wichtiger als seine Kleidung."[23] Dann fügte er noch hinzu: „Und wenn ihr euch noch so viel sorgt, könnt ihr doch euer Leben um keinen Augenblick verlängern."[24]

In Wirklichkeit wissen wir alle, dass es das Gegenteil zur Folge haben kann, wenn wir uns zu viele Sorgen machen – es kann Augenblicke von unserem Leben *abziehen*, Proteine freisetzen, die Entzündungen auslösen und unser Immunsystem schwächen.

Deshalb sorgt euch nicht um morgen – der nächste Tag wird für sich selber sorgen!

Dann fordert Jesus seine Jünger auf, sich die Vögel anzuschauen, die herumfliegen, ohne sich Sorgen zu machen. Dazu gibt er ihnen einen geistlichen und psychologischen Rat: „Deshalb sorgt euch nicht um morgen – der nächste Tag

---

23   Matthäus 6,25; Hoffnung für alle.
24   Matthäus 6,27; Hoffnung für alle.

wird für sich selber sorgen! Es ist doch genug, wenn jeder Tag seine eigenen Lasten hat."[25]

Das stimmt. Manche Tage haben sogar mehr als genug Lasten.

„Es ist schwer, sich *keine* Sorgen darüber zu machen, was die unbekannte Zukunft bringt", sagt Laura. „Ich habe eine Krebserkrankung überlebt und so weit geht es mir heute gut, aber wer weiß schon, wie es in den nächsten Jahren aussieht? Mein Mann hat Rückenprobleme. Was passiert, wenn er zum Krüppel wird? Niemand weiß, wie lange er leben oder welche Qualität sein Leben haben wird. Niemand weiß, ob ihm das Geld einmal ausgeht. Wir haben darüber nachgedacht, in die Nähe unserer Kinder zu ziehen, aber wir sind nicht sicher, wo sie einmal leben werden.

> *Ja, ich mache mir viele Sorgen – aber gleichzeitig möchte ich lernen, Gott zu vertrauen, der unsere Zukunft in seiner Hand hält.*

Es gibt momentan im Leben eine Menge unbekannter Faktoren, gerade wenn man über sechzig ist und einen Blick in die Zukunft wirft. Wenn man wie ich zu viel Fantasie hat, wird alles noch schlimmer. Ja, ich mache mir viele Sorgen – aber gleichzeitig möchte ich lernen, Gott zu vertrauen, der unsere Zukunft in seiner Hand hält."

Sorgen und Gebet

Wie Laura und wir alle wissen, können wir unseren Verstand nicht immer davon abhalten, sich Gedanken über die Zukunft zu machen. Eigentlich ist es ja auch gut, über die Zukunft nachzudenken, weil es uns dazu bringt, Zukunftspläne zu

---

25   Matthäus 6,34; Hoffnung für alle.

schmieden. Ein Thema jedoch sparen wir gerne aus: den Tod, der uns aber alle mit Sicherheit erwartet.

Ich (Gary) sagte einmal zu meiner Tochter, die Ärztin ist: „Falls mir einmal etwas zustößt ..."

Sie entgegnete: „Nein, Papa, nicht *falls*, sondern *wenn* du stirbst."

Ich sagte: „Ja, wenn ich sterbe ..."

Die unausweichliche Realität des Todes sollte uns dazu bringen, uns darauf vorzubereiten – einerseits ganz praktisch, andererseits auch geistlich. Wo möchten Sie begraben werden und wovon wird Ihr Ehepartner die Kosten bestreiten?

> Wenn wir über die Zukunft nachdenken, sollten wir auch konkrete Schritte unternehmen, um uns darauf vorzubereiten. Doch gute Pläne allein reichen nicht aus. Wir müssen es lernen, Gott zu vertrauen.

Wenn wir über die Zukunft nachdenken, sollten wir auch konkrete Schritte unternehmen, um uns darauf vorzubereiten. Doch gute Pläne allein reichen nicht aus. Wir müssen es lernen, Gott zu vertrauen. Wir haben nicht alles unter Kontrolle, was uns in der Zukunft zustoßen könnte. Wir müssen darauf vertrauen, dass Gott uns Gnade und Weisheit schenkt, um mit diesen Ereignissen umzugehen, wenn sie eintreten.

Jeder von uns kennt diese Aussage von anderen oder hatte selbst schon einmal diesen Gedanken: „Wenn mein Mann/meine Frau stirbt, kann ich nicht mehr weiterleben."

Eine solche Haltung stellt den Verlust in den Mittelpunkt, nicht aber Gott. Wir brauchen die Gnade Gottes, um mit dem Verlust des Ehepartners umzugehen, erst dann, wenn er tatsächlich stirbt. Aber wir dürfen schon heute wissen: An jenem Tag wird Gott da sein, so wie er in diesem Moment da ist. Ein Pastor formulierte es einmal so: „Gott schenkt uns die ‚Gnade fürs Sterben' nicht an Tagen, an denen wir nicht sterben." Gott

zu vertrauen ist das Gegengift zur Angst.

> *Gott zu vertrauen ist das*
> *Gegengift zur Angst.*

Die Angst ist ein Feind.
Angst ist unsere Reaktion auf
das, was passieren *könnte*. Das Wort „Angst" leitet sich von dem
Begriff „Enge" her. Angst ist etwas anderes, als sich Gedanken zu machen. Wer sich Gedanken macht, wird aktiv. Angst
dagegen führt letzten Endes in die Hoffnungslosigkeit. Als
Christen wissen wir, dass wir uns nicht zu fürchten brauchen,
sondern beten können. Angst stellt die Situation und alles, was
alles passieren könnte, in den Mittelpunkt. Das Gebet stellt
Gott und seine Zusage, für uns da zu sein, in den Mittelpunkt.

Sir William Osler, ein berühmter Arzt, hatte diese Botschaft
wirklich begriffen und gab sie 1871 an der Yale University weiter. Er forderte seine Studenten auf, den Tag mit dem Vaterunser zu beginnen: „Unser *tägliches* Brot gib uns heute."

Osler erzählte von einem Ozeandampfer. Der Kapitän
konnte befehlen, dass einzelne Abteilungen des Schiffs durch
wasserdichte Schotten voneinander getrennt wurden. Das
brachte in dem viel beschäftigten Arzt etwas zum Klingen. Osler beschloss, in „tages-dichten Abteilungen" zu leben. In seiner Rede riet er den Studenten, jeden Tag zu leben, ohne sich
über die Vergangenheit oder die Zukunft Sorgen zu machen.

Seine Rede wurde oft zitiert und für viele ist das Bild von
den „tages-dichten Abteilungen" hilfreich geworden. Wir sind
aufgefordert, uns auf die Zukunft vorzubereiten, aber immer
im Rahmen der täglichen Aufgaben.

Hier sind noch einige Ideen, die viele Menschen bereits als
hilfreich im Kampf gegen die Zukunftsangst ausprobiert haben:

Lernen Sie die Kraft Ihrer Gedanken kennen.
Es ist unglaublich, was unser Verstand ausrichten kann. Wenn
Sie sich zum Beispiel niedergeschlagen fühlen, zwingen Sie

sich zu einem Lächeln. Das verändert tatsächlich die Körper-chemie. Versuchen Sie es einmal! Der Apostel Paulus schreibt ebenfalls über die Kraft der positiven Gedanken als Gegengift gegen die Sorge.[26]

Akzeptieren Sie die Dinge, wie sie sind.
Manches scheint unmöglich zu akzeptieren. Doch wenn wir darüber brüten, die Realität leugnen oder uns darüber ärgern, führt das zu einem Missklang. Versuchen Sie, die Realität zu akzeptieren.

Entscheiden Sie, welche Schritte Sie gehen können.
„Das Problem mit der Angst liegt unter anderem darin, dass sie so unproduktiv ist", sagte ein Freund uns einmal. Wir können die Zukunft nicht verändern. Aber vielleicht können wir etwas tun, um die Situation zu verbessern. Nichts ist schlimmer als das Gefühl, gelähmt zu sein. Selbst ein kleiner Schritt ist besser als überhaupt kein Schritt.

Lassen Sie sich eine Bemerkung von Mark Twain durch den Kopf gehen.
Der Schriftsteller sagte einmal, dass er viele Schwierigkeiten in seinem Leben gehabt habe, die meisten jedoch seien gar nicht passiert. Wir können uns in Gedanken Schreckensszenarien ausmalen, was alles auf uns zukommen könnte, aber nur wenig davon wird uns tatsächlich zustoßen.

Machen Sie sich keine Vorwürfe.
Manchmal kommen wir nicht über schlechte Entscheidungen oder verpasste Chancen hinweg. Je länger wir aber die Vergangenheit in den Mittelpunkt stellen, desto weniger Zeit bleibt uns, eine bessere Zukunft zu gestalten. Wenn durch Ihr Ver-

---

26 Philipper 4,8.

halten in der Vergangenheit zwischenmenschliche Beziehungen belastet sind, bemühen Sie sich, diese Unstimmigkeiten anzusprechen, zu klären und gegebenenfalls um Vergebung zu bitten. Doch mehr können Sie nicht tun. Akzeptieren Sie das, was war und was ist, und lassen Sie das los, was Sie bedauern.

Und noch einmal – *beten Sie.*

Ein verheirateter Mann erzählte uns, wie sein Gebetsleben seine Situation zum Guten veränderte. Hier sein Bericht:

Meine Frau und ich machten uns große Sorgen um unsere Kinder, unsere Enkel und unsere Finanzen. Das dumme und sinnliche Zeug im Fernsehen, auf meinem Smartphone und in vielen Zeitschriften vermischten sich in meinem Kopf mit all den schrecklichen Nachrichtenvideos und beschäftigten mich Tag und Nacht. Aber dann probierte ich in meinem Gebetsleben etwas aus, das mir wirklich geholfen hat. Es ist ganz einfach. Damit umgehe ich das ganze Chaos in meinem Kopf und alle Ängste, und zwar zu jeder Tages- und Nachtzeit.
Ich denke an einen bestimmten Menschen, beispielsweise an Joe. Und dann bete ich einfach: „Segne Joe."
Das war es schon. Ich fange mit meiner Frau und meiner Familie an, gehe einen nach dem anderen durch, denke an die Namen und stelle mir ihr Gesicht vor, und für jeden Einzelnen bete ich: „Segne Jane. Segne Mario." Dann gehe ich weiter zu vielen anderen Menschen.
Ich habe einmal ein Buch darüber gelesen, wie Eltern ihr Kind segnen und welche Kraft davon ausgeht. Das Kind nimmt die Liebe wie einen Schwamm auf und entwickelt seine eigene Identität. Dem Wort „segnen" wohnt eine göttliche Kraft inne. Wenn ich im Gebet Menschen mit nur diesen zwei Worten segne, mit ihrem Gesicht vor Augen, erinnert mich das an die Bitte im Va-

*terunser, dass Gottes Wille geschehen möge – wie im Himmel,
so auf Erden.*

*Es verändert mich selbst, wenn ich Gott bitte, Menschen zu
segnen, die mir nahestehen. Das betrifft auch Menschen, die
Probleme haben oder mich verletzt haben. „Segnen" bedeutet,
dass ich Gott bitte, sein Salböl der Liebe und Erlösung über dem
anderen auszugießen. Wenn ich so Namen für Namen durchbe-
te, verschwinden die Nachrichtenvideos und die anderen Bilder
völlig aus meinem Kopf. Ich bitte Gott, diesen Menschen den
Himmel und seine heilige Liebe zu bringen. Meine eigenen Probleme treten in den Hintergrund.*

*Ich kann diese Welt mit all ihren Problemen nicht in Ordnung
bringen. Aber wenn ich so bete, sage ich damit, dass ich Gott
vertraue bei allem, was wirklich zählt – nämlich bei den Menschen. Weil ich in Gedanken von Mensch zu Mensch gehe, wenn
ich bete, kommen auf diese Weise eine Menge Leute zusammen,
von denen ich manche jahrelang nicht gesehen habe. Das hat
mich dazu gebracht, mit manchen Kontakt aufzunehmen, denen ich bis dahin aus dem Weg gegangen war.*

Ein ehrliches, schlichtes Gebet ist ein Dienst an anderen und
zugleich stellen wir damit Gott in den Mittelpunkt statt unsere
eigene Situation.

Von J. C. Penney, dem Gründer einer amerikanischen La-
denkette, erzählt man sich, dass er nach dem Börsencrash
von 1929 nicht mehr schlafen konnte, weil er sich so viele
Sorgen machte. „Ich war nervlich wie körperlich zusammen-
gebrochen." Eines Nachts erwachte er, überzeugt, dass dies
seine letzten Stunden waren. Er stand auf, um seiner Frau
und seinem Sohn Briefe zu schreiben und ihnen mitzuteilen, dass er nicht erwarte, noch die Morgendämmerung zu
erleben.

Doch am nächsten Morgen erwachte Penney und war noch
am Leben. „Ich hörte Gesang aus einer kleinen Kapelle, wo

jeden Morgen eine Andacht gehalten wurde. Sie sangen ‚God will take care of you' – ‚Gott kümmert sich um dich.'"

Das hatte gewaltige Auswirkungen auf ihn. Er sagte: „Mit mattem Herzen lauschte ich dem Gesang, der Schriftlesung und dem Gebet. Plötzlich geschah etwas. Ich kann es nicht erklären, sondern nur als Wunder bezeichnen. Ich hatte das Gefühl, als höbe mich irgendwer aus einem dunklen Kerker ins warme, helle Sonnenlicht. Ich spürte Gottes Kraft, wie ich sie noch nie gespürt hatte. Ich wusste, dass Gottes Liebe da war, um mir zu helfen. Von diesem Tag an bis heute war mein Leben frei von Angst. Nun bin ich einundsiebzig Jahre alt und die zwanzig dramatischsten und wunderbarsten Minuten meines Lebens waren die, in denen ich diese Botschaft erkannte: ‚Gott kümmert sich um dich.'"

Ganz persönlich

„Sorgt euch um nichts, sondern in allen Dingen lasst eure Bitten in Gebet und Flehen mit Danksagung vor Gott kundwerden! Und der Friede Gottes, der höher ist als alle Vernunft, wird eure Herzen und Sinne in Christus Jesus bewahren."[27]

Wenn wir unsere Sorgen in Gottes Hand legen, gibt es keinen Grund mehr, noch Angst zu haben.

1. Worüber machen Sie sich am meisten Sorgen?
2. Fällt Ihnen irgendetwas ein, das Sie tun könnten, um sich aktiv mit Ihren Problemen auseinanderzusetzen? Dann tun Sie das doch!
3. In den Bibelversen aus Philipper 4 werden wir aufgefordert zu beten. Wir dürfen Gott um etwas bitten und ihm dann dafür danken, dass er uns liebt und uns helfen

---

27 Philipper 4,6-7; Luther 2017.

wird, mit allem zurechtzukommen. Wir legen unsere Sorgen in seine Hand und vertrauen ihm. Das führt zu innerem Frieden – dem Gegenteil von Angst und Sorge.

4. Wenn Ihnen alles zu viel wird und Sie die Hoffnung verlieren, können Sie nach Ihrem Gebet einem Freund, Ihrem Pastor oder Seelsorger Ihre Sorgen anvertrauen. Gott gebraucht oft Menschen, um ihm zu helfen.

Joni und Ken Tada   INTERVIEW

„Wir kennen einander so gut wie unsere Westentasche"

Joni Eareckson Tada kennen viele Leserinnen und Leser wegen ihrer anrührenden Bücher. Darin zeigt Joni ihre tiefen Einsichten in das Wesen des Leids und gibt neue Hoffnung weiter. Sie hat auch viel über die Ehe geschrieben, im Besonderen über die vierunddreißig Jahre, die sie mit Ken (der mit ihr die Organisation „Joni and Friends" leitet) verheiratet ist. In ihrem Buch Joni & Ken[28] *schreibt Joni über die Jahre einer „hart erkämpften Partnerschaft". In unserem Gespräch gibt sie einige Ratschläge – und auch das, was sie freut – weiter.*

Du hast häufiger schon gesagt, dass wir in einer Gesellschaft leben, die nicht weiß, wie sie mit Leid umgehen soll. Wir versuchen, dem Leid zu entfliehen, und das zeigt sich auch in unseren Ehen. Was kann eine Ehe in schwierigen Zeiten stärken?

Wenn das Leid mit aller Gewalt in eine Ehe einbricht, kann man sich nur noch an irgendetwas festklammern. Und wenn man es schafft, sich in den schlimmsten Umständen an seinem Ehegelübde und an Christus festzuklammern, wird die Ehe dadurch stärker. Daran festzuhalten bedeutet, sich an die geistlichen „Disziplinen" zu erinnern, die in der Vergangenheit halfen, schwierige Zeiten durchzustehen: füreinander zu beten und in der Bibel zu lesen.

Am wichtigsten ist das Beten. Wenn Ken mit einem Problem kämpft oder Angst und Sorgen hat, ziehe ich mich zurück

---

28   Larry Libby, Ken Tada, Joni Eareckson Tada, *Joni & Ken – Deine Liebe schenkt mir Flügel*, Brunnen Verlag, Gießen, 2014.

und bete still für ihn. Ich flehe Gott an, dass er sich über Ken erbarmt, dass er seine Gnade auf ihn ausgießt und ihm hilft, seine Probleme in den Griff zu bekommen, seine Angst zu besiegen und seinen Glauben zu stärken. Es ist erstaunlich: Mein Mann reagiert außerordentlich positiv darauf, wenn ich für ihn bete.

Das Cover deines Buchs *Auf neuen Wegen*[29]**, das vor zwanzig Jahren erschienen ist, zeigt dich und Ken, wie ihr glücklich als frisch verheiratetes Ehepaar in die Kamera blickt. Dein neues Buch zeigt euch ganz anders: zwei altgediente Veteranen, die zäh sind und überlebt haben. Was geht dir durch den Kopf, wenn du dir die beiden Fotos anschaust?**

Gut beobachtet – mir ist der Unterschied auch aufgefallen. Doch auch wenn es erstaunlich klingt: Ich möchte dieses jugendliche, idealistische und romantische Stadium unserer Ehe niemals, absolut niemals wieder zurückhaben. Ken und ich ziehen die Gegenwart vor. Wir kennen einander so gut wie unsere Westentasche; ich ziehe seine ruhige Gesellschaft jedem lärmenden Zeitvertreib vor; ich freue mich an seiner Freundschaft und fühle mich geborgen darin. Das, was wir gemeinsam durchlebt und durchkämpft haben, erinnert mich daran, wie wir Gott und einander nähergekommen sind. Wir fühlen uns beim andern zu Hause. Heimat ist für mich da, wo Ken ist. Und ich bin Heimat für Ken.

Du sprichst von „einer hart erkämpften und mit Mühe gewonnenen Beziehung mit dem Partner". Und du schreibst: „Bitte bete für deinen Partner. Ehrlich gesagt ist dieser Tipp besser als alles, was du in Eheberatungsbüchern lesen kannst." Was hat dich zu diesen Aussagen bewogen?

---

29   Joni Eareckson Tada, *Auf neuen Wegen*, Schulte & Gerth, Asslar, 1987. Mittlerweile vergriffen.

Es gibt Zeiten, in denen man den Menschen, mit dem man verheiratet ist, nicht mag. Du ärgerst dich über seine Faulheit, über die vielen Stunden, die er auf der Couch liegt und Angelzeitschriften durchblättert; dass er so viel Zeug sammelt, die berühmte Zahnpastatube nicht zuschraubt und seine Flipflops so sehr liebt, dass er sie immer und überall anzieht. Du magst es nicht, dass er sich mit seinen Freunden zugewandt und engagiert unterhält, während er für dich nur ein knappes „Ja", „Nein" oder „Mmm" übrig hat.

Doch wenn solche Zeiten kommen, ist es wichtig, sich daran zu erinnern, dass es *auf der ganzen Welt keinen anderen Menschen gibt, der für dich so wichtig ist wie er:* keine Freundin, kein Mentor, keine Kollegin, kein Seelsorger, kein Nachbar, kein Verwandter, nicht einmal dein Vater und deine Mutter sind so wichtig wie dieser Mensch. Unter allen Dingen und allen Menschen auf der Welt, für die du betest, steht dieser Mensch ganz oben auf der Liste. Er ist der, dem du gelobt hast, ihn in guten und schlechten Tagen zu lieben. Er ist der Mensch, den Gott in dein Leben gestellt hat, damit du für ihn betest, ihn anspornst, ihn verteidigst, ihm Mut machst, ihn schätzt, ihn lobst. Ihn so zu lieben tut deiner eigenen Seele unglaublich gut!

Viele Menschen finden es bemerkenswert, dass du Gott loben und ihm dankbar sein kannst, obwohl du extrem viel Schweres durchgemacht hast. Wie hat dein Gefühl der Dankbarkeit deine Ehe beeinflusst?

Wir Menschen sind nicht von Natur aus dankbar. Und ich bin mir sicher, das ist auch der Grund, warum Gott uns immer wieder zur Dankbarkeit auffordert. Das zeigt sich auch in unseren Beziehungen. Wir haben vielleicht keine Lust, unserem Partner für etwas zu danken, weil wir uns auf sein schlechtes Benehmen konzentrieren („Hat er meinen Dank überhaupt verdient? Hat er in letzter Zeit etwas gemacht, um sich meine Dankbarkeit zu sichern?"). Aber mit Sicherheit hat Ihr Ehepartner irgendetwas Gutes an sich, was für eine Kleinigkeit auch immer, eine positive Charaktereigenschaft, für die Sie ihm danken können. Damit meine ich keine oberflächlichen Schmeicheleien oder Manipulationen! Wenn Sie Ihre Dankbarkeit und Wertschätzung zum Ausdruck bringen, arbeiten Sie mit dem Heiligen Geist zusammen, um gute und gottgefällige Eigenschaften in Ihrem Partner zur Entfaltung zu bringen. Wenn Sie kein dankbarer Mensch sind, arbeiten Sie daran. Dann wird Gott nicht nur Ihren Partner, sondern auch Sie selbst verändern.

Als bei dir Krebs diagnostiziert wurde, meintest du zu Ken, du glaubst, dass es „einen Sinn" habe und dass „Gott irgendetwas vorhat". Mit all dem im Hinterkopf, was ihr, du und Ken, im Lauf der Jahre durchgemacht habt: Welchen „Sinn" siehst du in deiner Ehe?

Leid hat eine aufschlussreiche Eigenschaft: Es kann uns zum Guten verändern und die Ecken und Kanten weghobeln (unter der Voraussetzung, dass wir demütig sind). Leid, körperliche Schmerzen, Verlust und Nahtoderfahrungen nehmen alles Belanglose und Überflüssige von der Ehe weg. Manchmal standen wir fast mit leeren Händen da. Doch als unsere Beziehung auf das Wesentliche reduziert wurde, konnten Ken und ich das große Ganze besser erkennen. Wir wollen gemeinsam Gott ehren, indem wir unser Ehegelübde halten. Wir möchten ein Paar sein, das beispielhaft vorlebt, was es bedeutet zu bekennen und zu vergeben, zu hören und zu reden, zu arbeiten und zu spielen, sich umeinander zu kümmern und einander zu korrigieren. Wir haben uns in unserer Ehe zum Ziel gesetzt, der beste Freund des anderen zu sein; derjenige, den der andere aussucht, allen anderen vorzieht, mit dem er angibt, dem er den Vortritt lässt, den er verteidigt und mit dem er abends ins Bett fällt und sich sicher fühlt. Auf der ganzen Welt gibt es nichts Schöneres.

Ein Kapitel in deinem Buch heißt „Es geht nicht um uns". Was meinst du damit?

Ken und ich wollen mit einem guten Ergebnis ins Ziel einlaufen. Wir wollen in unserer Ehe nichts tun, dessen sich Jesus schämen müsste, das ihn schlecht aussehen lassen würde, womit wir seinen Ruf schädigen oder ihm nicht gefallen. Doch zwischen dem, was man von Natur aus tun würde (sich zum Beispiel über den Ehepartner beklagen), und dem, was man durch Gottes Gnade tut (sich solch eine Bemerkung verkneifen), klafft eine riesige Lücke. Und um diese Lücke zu überbrücken, brauchen wir Gottes Kraft. Und wenn es uns gelingt, diese Lücke zu überwinden, diesen Unterschied zwischen Beklagen und der bewussten Entscheidung, sich nicht zu beklagen – dann ehren wir Gott damit.

Seid ihr beide, du und Ken, gegensätzliche Typen?

Ja, das trifft auf viele Punkte zu. Aber in einem stimmen wir überein. Wir sind beide ehrgeizige Sportler und Fans. Nichts macht uns mehr Spaß, als vor einem Fernseher zu sitzen, uns einen Sportwettkampf anzuschauen und dabei eine Schale Chips mit Salsa-Soße zu vernichten. Ich mag es auch, wenn mein Mann etwas so lustig findet, dass er anfängt, laut vor sich hin zu lachen. In Sachen Humor unterscheiden wir uns sehr und sein alberner Humor hat mich früher genervt, aber das hat sich geändert. An unserem Kühlschrank klebt eine japanische Comicfigur mit einem Wok in der Hand, verrücktem Grinsen im Gesicht, Hasenzähnen und dem ganzen Rest. Vor einigen Jahren hätte mich das zur Weißglut gebracht. Aber heute mag ich seinen albernen Humor.

Ihr habt beide einen starken Charakter und mit Sicherheit einige Kämpfe ausgefochten. Wie könnt ihr beide euch ergänzen, statt euch auseinanderbringen zu lassen? War das schwierig?

Das gelingt uns, indem wir immer das große Ganze im Blick behalten. Herausforderungen geben uns Kraft. Am wichtigsten aber: Wir haben verstanden, dass Gott uns jeden Tag den Auftrag gibt, Seite an Seite und gemeinsam mit ihm für seine Sache einzutreten. Das gibt uns Energie! Nicht der Rollstuhl ist mein Feind, meine Schmerzen oder meine Querschnittslähmung. Nein, der größte Feind ist Satan. Er versucht alles, um Handgranaten zwischen mich und Ken zu schleudern. Wir beide sind uns dessen bewusst und bleiben darum wachsam.

Die traditionellen Rollen von Mann und Frau haben sich heute für viele Menschen verändert. Was ist für dich vor diesem Hintergrund wichtig für eine gute Ehe?

Es gibt Situationen, in denen einer von uns zurückstecken muss. Wenn wir unterschiedlicher Ansicht sind und zu keinem Kompromiss finden, funktioniert es nur, wenn einer nachgibt. In vielen Dingen können wir versuchen, uns einander unterzuordnen. Doch wir haben in unserer Ehe die Vereinbarung getroffen, dass wir uns nach dem richten, was Ken sagt, wenn es hart auf hart kommt. Da muss ich dann lernen zurückzustecken und darauf zu vertrauen, dass er seine Entscheidung im Gebet getroffen hat.

Wie schaffst du es, so ehrlich über deine mitunter auch schwierigen Erfahrungen zu sprechen? Wie können andere Paare ebenso ehrlich miteinander umgehen, wenn die harte Realität über sie hereinbricht?

Ken und ich verbringen viel Zeit auf den Familienfreizeiten von *Joni and Friends*. Wir lernen dort Paare kennen, die auf dem Zahnfleisch laufen und heldenhaft versuchen, ihre Liebe am Leben zu erhalten, während sie drei Kinder großziehen, zwei davon Autisten, während das dritte zum Beispiel das Downsyndrom hat. Ken und ich schauen sie an und sagen: „Im Grunde haben wir keine Ahnung, was richtige Probleme sind." Wir sind auch deswegen transparent und verletzlich, weil wir diesen Paaren zeigen wollen, dass sie es schaffen können, dass wir ihre Anstrengungen sehen und dass Jesus sie durchtragen wird. Wenn wir auf die Familienfreizeiten fahren, bleiben wir „geerdet". Wir haben erlebt, wie wichtig es in Krisenzeiten ist, dass wir uns als Ehepaar zuhören, nachfragen, zuhören und wieder zuhören. Ich glaube, viele von uns wünschen es sich sehr, dass ihr Ehepartner ihnen zuhört, sie versteht, auf sie eingeht und sie immer noch liebt.

Unserer Erfahrung nach sorgen sich viele Paare, die schon lange verheiratet sind, was die Zukunft bringt. Ihr habt selbst unzählige Probleme gehabt, die eure Gesundheit betrafen, und sicherlich deswegen auch Ängste und Sorgen. Zeitweise musstest du auch Medikamente nehmen, die Angstzustände herbeiführen. Wie geht ihr beide, du und Ken, mit Angst um?

Komisch, dass du ausgerechnet danach fragst. Letzten Sonntag feierten wir in unserer Gemeinde Abendmahl. Als ich darüber nachdachte, welche Sünde mich belastet, kam mir sofort „Zukunftsangst" in den Sinn. Ich frage mich, ob ich noch mehr körperliche Schmerzen aushalten kann? Was tue ich, wenn Ken vor mir stirbt? Wenn ich bettlägerig werden sollte, kann ich das aus Gottes Hand annehmen?

Unaufhörlich kämpfe ich darum, im Hier und Jetzt zufrieden zu sein und mir keine Sorgen über das Morgen zu machen und darüber, ob mein Stützkorsett mich einschnürt oder nicht. Mich

inspiriert der Prophet Samuel, der einen Gedenkstein aufrichte-
te und sagte: „Bis hierher hat der Herr geholfen!"[30] Der Herr hat
jedes meiner Bedürfnisse zum richtigen Zeitpunkt und mehr
als genug gestillt. Und ich habe absolut keinen Grund zu glauben, dass er mich in Zukunft im Stich lassen wird. Doch genau
an diesem Punkt setzt der innere Kampf ein.

**Du musst viel reisen und trägst eine Menge Verantwortung
in deiner leitenden Position. Wie schafft ihr es, eure Ehe positiv zu gestalten?**

Es ist wunderbar, dass für Ken und mich unsere Organisation
Joni and Friends etwas ist, das wir *gemeinsam* tun. Praktisch auf
jeder Reise begleitet er mich (außer wenn er zum Fliegenfi-
schen nach Montana gefahren ist). Das genießen wir außerordentlich. Immer wieder sage ich ihm: „Schatz, du musst wirklich nicht auf jede Reise mitkommen", aber er will das.

Wir finden es schön, wenn wir uns unterhalten können.
Ken verteilt Flyer mit „Jonis Geschichte" an alle Stewardessen,
an die Gepäckträger am Flughafen, an Zimmermädchen, Kell-
ner und Kellnerinnen und viele andere, denen wir begegnen.
Nichts macht mich stolzer, als zu hören, wie mein Mann diesen Menschen von meiner Geschichte erzählt.

Unsere Ehe ist für uns eine positive Erfahrung, weil wir beide erleben, wie uns Gott gebraucht. Wenn wir erschöpft sind
oder uns langweilig ist, zählen wir beim Essen all die Orte
in den über fünfzig Ländern auf, die wir besucht haben; wir
denken an die Menschen, die Segnungen, die Chancen, die
geretteten Ehen, die niedergeschlagenen Menschen, denen
wir Mut zusprechen konnten; wir erinnern uns an die Sehens-
würdigkeiten und vieles andere, was wir gemeinsam erleben
durften. Wir sind gesegnet. Sehr gesegnet.

---

30   1. Samuel 7,12; Hoffnung für alle.

Teil 3

7

Gemeinsam durchhalten

Stehaufmännchen. Phönix aus der Asche. Hartnäckig, zäh und ausdauernd.

Wie immer man Menschen bezeichnen mag, auf die diese Beschreibungen zutreffen: Mit solchen Eigenschaften kann man seine Ehe entscheidend zum Positiven verändern. Wie überleben manche Paare Naturkatastrophen, den Konkurs ihres Betriebs und andere Schicksalsschläge, während andere Ehen daran scheitern? Wie schaffen

> *Mit solchen Eigenschaften kann man seine Ehe entscheidend zum Positiven verändern.*

es manche Menschen – wie etwa Joni und Ken Tada –, mit Würde und sogar Humor mit einer chronischen Krankheit umzugehen, während andere in Verbitterung und Passivität versinken?

Natürlich gibt es darauf keine einfachen Antworten. Doch etwas gemeinsam durchzustehen setzt Heilungskräfte frei.

Barbara und Jim hatten von Barbaras Mutter etwas Geld geerbt. Sie vertrauten das Erbe Jims Bruder David an, der sie schon häufiger in Finanzgeschäften gut beraten hatte. Leider war das keine gute Entscheidung, wie Barbara uns erzählt: „Er tätigte einige unkluge Investitionen, die Wirtschaftskrise tat ein Übriges, und zum Schluss hatten wir fast alles verloren. Außerdem haben wir nicht so genau hingeschaut, um ehrlich zu sein. David sprach nicht viel mit uns und als wir endlich einen Anwalt einschalteten, war es zu spät. Wir sind einfach dankbar, dass meine Mutter niemals erfuhr, was mit dem Geld passierte, das sie für uns zusammengespart hatte."

Barbara hätte Jim Vorwürfe machen können, weil er nicht genau im Blick hatte, was sein Bruder mit dem Geld machte, obwohl er bereits einige Male durch unkluge finanzielle Transaktionen aufgefallen war. Doch das tat sie nicht.

„Ich habe ja auch nicht aufgepasst. Wir steckten damals mitten in einem Umzug und unsere Kinder beanspruchten auch unsere Aufmerksamkeit. Schließlich griff Jim dann doch ein und nahm David die Angelegenheit aus der Hand. Doch wir haben uns deshalb nicht zerstritten. Wir haben schon von Anfang unserer Ehe an darauf geachtet, dass wir uns nicht über Geldfragen entzweien. Wir sind ein Team – und damit gut." Barbara fügt hinzu, dass es ihnen im Großen und Ganzen finanziell einigermaßen gut geht, und das half ihnen darüber hinweg. „Wir sind nicht pleite, aber es stimmt schon, dass das Erbe uns unheimlich geholfen hätte. Aber meine Beziehung zu Jim zählt viel mehr und die richtige Lebensperspektive auch. Ich glaube, wir haben aus dieser Geschichte eine Menge gelernt."

„Der Schmerz und die Trauer hörten nicht auf"

Wie widerstandsfähig eine Ehe ist, hängt von vielen Faktoren ab. Wenn die Beziehung Risse bekommt und die Ehe gefährdet ist, hagelt es oft von beiden Seiten Vorwürfe. So kann sich die Wut in eine Ehe einschleichen, Monat für Monat, bis sie eines Tages überkocht. In der Bibel heißt es: „Wenn ihr zornig seid, dann ladet nicht Schuld auf euch, indem ihr unversöhnlich bleibt."[31] Diese Anweisung in die Tat umzusetzen ist allerdings alles andere als einfach. Unterdrückter Zorn führt in die Depression. Wenn man ihm dagegen freien Lauf lässt, kann er andere verletzten und Narben hinterlassen.

Wenn man seine Wut ungezügelt rauslässt, kann das irrational sein. Ein Mann schilderte mir einen Vorfall, der genau das zeigt. „Es war verrückt", sagte er. „Einmal stand ich in der Nacht auf, um zur Toilette zu gehen, und stieß mir den Zeh. Das tat weh! Ich wurde wütend, und sofort schoss mir durch den Kopf: ‚Das war ihre Schuld!!!' Dabei hatte meine Frau überhaupt nichts damit zu tun."

In vielen Fällen geht die Vernunft bei Wut und Ärger über Bord.

Der Mann wies diesen irrationalen Gedanken gleich von sich, aber in vielen Fällen geht die Vernunft bei Wut und Ärger über Bord. Wenn der Zorn in mir schwelt oder aufflammt, kann der Ehepartner zur Zielscheibe werden.

Uns gefiel, was wir von Michael und Andrea zu ihrem Umgang mit Wut hörten. Sie kennen zur Genüge Leid und Sorgen, die zum Zorn führen könnten. Als Michael seine Stelle bei einer großen Firma verlor und fast ein Jahr arbeitslos war, war er lange Zeit wütend. „Ich fand ein perverses Vergnügen daran, schlechte Nachrichten über die Firma zu hören, die mich entlassen hatte."

Als Paar haben sie ein Beispiel vor Augen, wie man mit Zorn umgehen kann: Michaels Vater und seinen Glauben. Michael erzählt: „Mein Vater hatte damit zu kämpfen, dass ihn oft die Wut überkam. Mit drei Jahren verlor er seine Mutter, seinen

---

31 Epheser 4,26; Hoffnung für alle.

Vater mit sieben. Mein Vater war erst achtundzwanzig, als man bei ihm Hautkrebs im letzten Stadium diagnostizierte. Er dachte: *Nicht schon wieder!* Er war noch nicht bereit zu sterben. Meine Schwester und ich waren noch klein. Mein Vater flehte Gott an, ihn noch leben zu lassen, damit er seine Kinder großziehen könnte. Bald danach konnte er sich einer neuen Therapie unterziehen. Es funktionierte. Lange Zeit blieb er krebsfrei."

Viel später kehrte der Krebs zurück, mit niederschmetterndem Ergebnis. Doch Andrea sagt: „Er hat heute eine ganz erstaunliche Haltung dazu. Er beharrt darauf, dass es so in Ordnung ist, und sagt: ‚Gott weiß, was er in meinem Leben tut. Mir geht es gut.‘ Sein ganzes Leben ist ein bemerkenswertes Zeugnis für seinen tiefen Glauben."

Das Vorbild seines Vaters war einer der Gründe, warum Michael relativ gelassen bleiben konnte, als Andrea ihn eines Tages voller Panik anrief. Es war kurz vor Weihnachten und ihre Tochter Anna, die in den Ferien von der Uni nach Hause gekommen war, putzte das Badezimmer. „Anna putzt sehr gründlich", erzählt Andrea, „und sie entschloss sich, auch die Fugen sauber zu machen. Sie fing an, den Schmutz herauszukratzen. Doch mit einem Mal stürzte ihr der Dreck des gesamten Universums entgegen und fiel aus der Wand in die Badewanne."

Anna schrie: „Mama, da kommen Würmer raus!"

Andrea stürmte ins Badezimmer und sah, wie Termiten aus den Fugen quollen und in der Badewanne zappelten.

Michael fuhr sofort nach Hause und versuchte seine Frau zu beruhigen, doch seine Gelassenheit übertrug sich nicht auf sie. Andrea wollte auf der Stelle ausziehen, doch er betrachtete das Termitenproblem nicht als ernsthafte Bedrohung. Er hoffte, dass Andrea zur Einsicht gelangen würde, dass das Leben auch bei einem Termitenangriff nicht vorüber war.

„Ich war wütend wegen all dem, was passiert war", gibt Andrea zu, „und wütend, dass Michael nicht einfach einen Zauberstab schwingen konnte und alles besser würde. Seine Ruhe hat mich richtig auf die Palme gebracht."

Wenn das Unheil zuschlägt, kann es schwierig sein, sich an all das Gute in der Ehe zu erinnern und sich daran festzuhalten.

Wie schlimm sah es wirklich aus? Später erfuhren Michael und Andrea, dass Termiten zu einem bestimmten Zeitpunkt Flügel ausbilden und ausschwärmen. Ausgerechnet in diesem Stadium sah Andrea sie aus nächster Nähe. „Ich wollte herausfinden, was los war, also griff ich mir einen Hammer und schlug eine Kachel heraus. Plötzlich flogen im ganzen Badezimmer Termiten herum."

> *Wenn das Unheil zuschlägt, kann es schwierig sein, sich an all das Gute in der Ehe zu erinnern und sich daran festzuhalten.*

Trotz alledem behielt Michaels trockener Humor die Oberhand. Er meinte: „Ich frage mich, wie die frittiert schmecken würden." Rückblickend sagt Andrea: „Das war der Wendepunkt. Ganz egal, was passiert, Michael sieht es mit Humor – sogar bei den Termiten. Wir mussten beide lachen, obwohl wir wussten, dass wir ein ernsthaftes Problem hatten."

Die Termiten kosteten sie viele Tausend Dollar und machten ihr Haus unverkäuflich. Andrea erkrankte schwer, weil sie mit den Insektenvernichtungsmitteln des Kammerjägers in Kontakt gekommen war, aber die Termiten überlebten. Dennoch: Gemeinsam standen sie diese schwere Zeit durch und konnten sogar über Michaels Bemerkung schmunzeln.

Für Michael und Andrea war das jedoch noch nicht die letzte Schwierigkeit, die ihre Ehe traf. Einige Jahre später wurde ihre Tochter Anna, die das Studium inzwischen abgeschlossen hatte und verheiratet war, schwanger. Andrea und Michael waren außer sich vor Freude, doch es kam zu Komplikatio-

nen und Anna musste ins Krankenhaus. Eines Tages saßen sie
dort mit Anna und ihrem Mann zusammen und hörten dem
Arzt zu, der ihnen erklärte, dass Anna kein Fruchtwasser mehr
hatte. Auf dem Ultraschallbild sahen sie einen vollkommenen
kleinen Jungen, aber man sagte ihnen, dass er nicht überleben
würde.

Am nächsten Tag wurden die Wehen eingeleitet. „Es war
furchtbar", erinnert Andrea sich. „Die Fotos von glücklichen
Babys wurden von der Wand des Krankenzimmers abgenom-
men und an der Tür brachte man eine gelbe Rose an, damit die
Krankenschwestern wussten, was passiert war. Schmerz
und Kummer hörten über-
haupt nicht auf."

*Schmerz und Kummer hörten
überhaupt nicht auf.*

Später wurde Anna noch einmal schwanger. Wieder freuten
sich alle, doch bald stellte sich neuer Kummer ein. Anna hatte
wieder dasselbe Problem: Blutungen und Verlust des Frucht-
wassers. Auch dieser kleine Junge würde es nicht schaffen.

Andrea erinnert sich daran, was ihr damals durch den Kopf
ging: „‚Sie kann das nicht alles noch einmal durchmachen.‘ Ich
war so wütend."

Für Michael war die zweite Fehlgeburt noch schmerzhaf-
ter. „Es war so grausam." Und ihm platzte der Kragen, als der
Arzt kommentierte: „Na ja, so etwas passiert und kann wieder
passieren."

Warum?

Jedem von uns fällt es schwer, das Leid zu akzeptieren, das
uns widerfährt. Babys sterben und Ärzte geben dazu einen
gefühllosen Kommentar ab. Unfälle zerstören Familien. Ein
einst brillanter Verstand fällt der Demenz zum Opfer. Welt-
weit werden Kinder versklavt und müssen Terror und Ge-

walt erleiden. Warum hat Anna zwei Babys verloren? Warum, Herr?

Viele weise Denker aus den großen religiösen Traditionen haben sich mit dieser Frage beschäftigt, die die Menschheit seit Hiob quält. *Warum?* Doch selbst dann, wenn wir theologisch auf der Höhe sind und ausführliche Antworten auf diese Frage kennen, müssen wir uns immer noch mit unserer menschlichen Reaktion auf Kummer, Orientierungslosigkeit und Leid auseinandersetzen.

Wenn wir als Paar in Liebe zueinanderstehen, gemeinsam leiden und uns einander stärken können – wie auch immer unser Schmerz aussieht –, verbindet das uns auf einer tiefen emotionalen Ebene. Und manchmal dürfen wir uns dann auch gemeinsam über ein Wunder freuen. So erging es Michael und Andrea:

Eines Tages bekam Andrea spätabends eine Mail von Anna mit einem Artikel über einen Arzt, der eine neue Operationstechnik entwickelt hatte. Babys von Frauen, die dasselbe Problem wie Anna hatten, überlebten damit.

> *Wenn wir als Paar in Liebe zueinanderstehen, gemeinsam leiden und uns einander stärken können – wie auch immer unser Schmerz aussieht –, verbindet das uns auf einer tiefen emotionalen Ebene.*

Anna ließ sich operieren. Ihre bisherigen Ärzte, die mit der neuen Operationstechnik nicht vertraut waren, rechneten damit, dass der Versuch scheitern würde. Im Lauf der nächsten Schwangerschaft musste Anna immer wieder ins Krankenhaus eingeliefert werden. Dazwischen stand Bettruhe im Haus ihrer Eltern auf dem Programm.

„Ich hatte große Angst um sie", sagt Andrea, „aber wir beteten und hofften. Ich las Erfahrungsberichte der Frauen, die nach dieser OP ein gesundes Kind zur Welt gebracht hatten."

Ruth kam mit fünf Pfund Geburtsgewicht zur Welt, lacht

und lächelt heute pausenlos, und viele Menschen folgen ihr auf Facebook. Andrea schreibt das dem Gebet zu. „Ich glaube, wir haben Ruth ins Leben gebetet."

Trotzdem waren Andrea und Michael wütend auf Gott, als sie ihre Enkelkinder verloren. „Ich versuchte, auf Gott nicht wütend zu sein. Eine Zeit lang hörte ich einfach auf zu beten. Ich wollte Gott nicht mein ganzes Leid klagen, wenn andere Menschen sogar noch Schlimmeres erdulden mussten. Überall gab es so viel Leid, dass ich mich schließlich fragte: ‚Warum hat mich das nicht getroffen?'" Michaels und Andreas Glaube und ihre Liebe zueinander haben bewirkt, dass sie ihren Weg gemeinsam gingen und dass ihre Ehe nicht unter ihren Problemen und ihrer Wut zerbrach.

Rollenwechsel

Wenn wir älter werden, fragen wir uns besorgt, welche Gesundheitsprobleme uns wohl zu schaffen machen werden und wie wir damit umgehen. Ein Vorbild sind uns ältere Menschen mit schwerwiegenden gesundheitlichen Problemen geworden, die trotzdem zielorientiert und entschlossen leben wollen.

Victor und Betty haben mit Victors Parkinsonkrankheit zu kämpfen, die ihm in vielerlei Hinsicht Grenzen setzt, was beide frustriert. Für Betty, die ihn pflegt, ist es schwer, aber auch für Victor, weil er immer mehr Fähigkeiten verliert und Selbstständigkeit einbüßt. „Manchmal sieht es aus, als würde sie mich die ganze Zeit herumkommandieren", sagt Victor.

„Das ist so eine Männersache", sagt er und erklärt, warum er das Gefühl hat, er habe etwas verloren und würde sich am liebsten wehren, wenn sie ihm mit seinen Tabletten hilft. „Betty stellt meine Fähigkeiten infrage und nimmt mir Aufgaben aus der Hand."

Trotzdem weiß Victor genau, dass sie ihm dabei helfen muss, und Betty ergänzt, dass das von ihnen beiden Geduld und Freundlichkeit erfordert.

Hier wird deutlich, wie viel gegenseitiger Respekt ausmacht und wie wichtig Geben und Nehmen in einer Ehe ist.

Er macht ihr ein Kompliment: „Du weißt inzwischen, wie du mit mir umgehen sollst."

„Und du mit mir!", erwidert sie liebevoll.

Hier wird deutlich, wie viel gegenseitiger Respekt ausmacht und wie wichtig Geben und Nehmen in einer Ehe sind, besonders wenn man die Rollen tauscht und es zu Spannungen kommt. Im Allgemeinen verändert sich unser eigentliches Wesen mit dem Alter nicht und es ist wichtig, dass wir uns nicht über das definieren, was wir nicht mehr tun können. Das versuchen Betty und Victor Tag für Tag umzusetzen. Statt darüber zu klagen, dass Victor Schwierigkeiten hat, seinen Mantel anzuziehen, konzentrieren sie sich auf das, was sie noch haben: wunderbare Kinder und Enkel – und sie haben einander.

„Dankbarkeit", sagt Betty, „ist eine Lebenseinstellung. Sie verändert alles. Sie verändert die Art und Weise, wie wir Parkinson sehen. Nicht ein einziges Mal haben wir gefragt: ‚Warum gerade wir?' Wir haben all diese Jahre zusammen verbracht. Er ist immer

„Dankbarkeit", sagt Betty, „ist eine Lebenseinstellung. Sie verändert alles."

noch am Leben. Wir sind Partner, egal was passiert."

Durchs Feuer hindurch

Carl und Laura arbeiten Seite an Seite in ihrem kleinen Geschäft für Lkw-Ersatzteile. Eines Tages hörten sie jemanden schreien, dass in einer der Wohnungen über ihrem Laden

Feuer ausgebrochen war. „Aus dem Fenster kam Rauch", erinnert sich Carl. „Ich rannte hinein, klopfte an alle Türen und rief, dass alle das Haus verlassen sollten. Die Feuerwehr war schon alarmiert und wir deckten drinnen alles mit Planen ab, um Wasserschäden zu vermeiden. Dann holten wir noch die Computer raus."

Aus einem Tanklöschfahrzeug spritzten die Feuerwehrleute 5.000 Liter Wasser in das brennende Gebäude. Zwei Feuerwehrleute gingen hinein und warteten auf mehr Wasser. „Fünfzig Jahre lang bekamen wir einen Rabatt auf die Feuerversicherung, weil wir nicht weit von einem Hydranten wohnten", erzählt Carl. „Aber es kam kein Wasser raus! Kein einziger Tropfen. Sie versuchten es mit einem anderen Hydranten einige Blocks weiter, aber auch der lieferte kein Wasser."

Aus einem dritten Hydranten schließlich kam Wasser, aber nicht genug. Mit Signalhörnern forderte man die Feuerwehrleute auf, aus dem Haus zu kommen und sich in Sicherheit zu bringen. Sieben Stunden später war das Gebäude zum größten Teil abgebrannt. Nach den vielen Jahrzehnten, in denen sie ihr Geschäft aufgebaut hatten, mussten Carl und Laura zusehen, wie es in Flammen aufging.

In solchen Augenblicken kann man einfach verzweifeln, sich gegenseitig die Schuld zuweisen oder anderen Menschen Vorwürfe machen. Doch Carl und Laura gingen nicht auf die gut gemeinten Vorschläge ihrer Bekannten ein, einen Prozess anzustreben. Sie reagierten auch nicht verbittert, als ein Konkurrent aus dem Unglück Kapital schlug, indem er ihnen Kunden wegnahm. Stattdessen konzentrierten sie sich darauf, ihre Dankbarkeit zu zeigen, weil man ihnen Gutes tat und viele Menschen ihnen halfen, das Geschäft weiterzuführen. Ein Kunde schickte ihnen 500 Dollar als Vorschuss für zukünftige Bestellungen, weil er wusste, dass sie Bargeld brauchten; ihre Lieferanten verlängerten die Zahlungsfristen. Und ein anderer Konkurrent rief sogar an und sagte: „Carl, es tut mir wirklich leid wegen des Feuers. Ich will euch helfen, dass ihr wieder auf die Füße kommt. Deshalb schicke ich euch jeden Tag einen Lkw mit allen Ersatzteilen, die ihr braucht, um im Geschäft zu bleiben!"

Was für ein Geschenk und was für ein Grund, dankbar zu sein!

„Ich lernte, was es heißt, dass man sich um mich kümmern muss"

Der Brand war nicht die einzige Krise, die Laura und Carl erdulden mussten. Carl erlitt einen mehrfachen Bruch, der dreimal operiert werden musste. Der Unfall geschah, als er seinem Sohn beim Hausbau half. Auf der offenen Veranda stieg er auf eine Leiter und schoss die Nagelpistole ab, um eine Schindel zu befestigen. In diesem Augenblick flog ihm etwas ins Gesicht. Er hielt es für einen Nagel, aber in Wirklichkeit handelte es sich um eine aufgeschreckte Fledermaus.

Carl erschrak und fiel von der Leiter, doch sein Fuß war noch zwischen zwei Sprossen eingeklemmt. Er litt schreckliche Schmerzen.

Endlich kam der Krankenwagen. Carls Werte sanken auf einmal auf ein bedenklich niedriges Niveau herab. Im Krankenhaus brauchte man sechs Schrauben und zwei Platten, um seinen Fuß wieder in Ordnung zu bringen.

Ich habe gelernt, dass ich nicht völlig unabhängig bin und es manchmal nötig habe, dass sich jemand um mich kümmert.

„Das war eine echte Prüfung, die man nur schwer wieder aus dem Kopf bekommt", sagt er. „Als das passierte, war meine dreijährige Enkelin Rachel gerade bei mir und erschrak furchtbar. Es dauerte noch einige Monate, bis sie sich überhaupt wieder in meine Nähe wagte." Carl betrachtet diese Erfahrung als Wendepunkt. „Ich habe gelernt, dass ich nicht völlig unabhängig bin und es manchmal nötig habe, dass sich jemand um mich kümmert. Ich habe gelernt zu sagen: ‚Wenn der Herr will, mache ich dieses oder jenes.‘ Ich habe gelernt, dankbar dafür zu sein, dass Laura sich um mich kümmert."

„Wir alle müssen Schweres durchmachen", fügte Laura hinzu. „Wir müssen nur treu im Glauben bleiben und mit dem, was uns zustößt, umgehen. Und das alles möglichst so, dass wir dabei unseren Ehepartner achten und ihm unsere Liebe zeigen."

Laura nennt ein Beispiel, wie sie sich bemühen, liebevoll und aufmerksam miteinander umzugehen: „Wir haben etwas Wichtiges gelernt. Statt zu sagen: ‚Du liegst falsch‘, versuchen wir zu sagen: ‚Du könntest recht haben‘. Niemand will falschliegen. Also haben wir sehr oft und in sehr vielen Situationen gesagt: ‚Du könntest recht haben.‘"

Carl pflichtet ihr bei. „Und manchmal müssen wir später sogar sagen: ‚Du hast wirklich recht gehabt.‘"

Sieben Geheimnisse des Durchhaltevermögens

Diese Geschichten sind wirklich passiert (die Namen sind allerdings geändert) und haben uns zu diesen Schlussfolgerungen gebracht:

1. Alle Paare werden früher oder später mit Problemen konfrontiert.
2. Wenn wir uns darauf konzentrieren, das Problem zu lösen, statt einander die Schuld in die Schuhe zu schieben, werden wir gemeinsam eine Lösung finden.
3. Die Situation können wir nicht immer verändern, aber unsere Haltung. Eine positive Einstellung hilft uns immer.

4. Wir verstehen nicht, warum etwas Bestimmtes passiert ist. Die Frage lautet nicht: „Warum ist das gerade uns passiert?", sondern vielmehr: „Was können wir aus diesem Erlebnis lernen?".

5. Sich mit unserem Schmerz Gott zuzuwenden und ihm zu vertrauen ist immer besser, als vor ihm wegzulaufen.

6. Einander zuzuhören ist immer besser, als sich anzuschreien.

7. Wir brauchen einander. Zusammen werden wir diese Schwierigkeiten durchstehen.

Wie sieht es bei Ihnen aus?

1. Was sind in Ihrer Ehe zurzeit die größten Herausforderungen?

2. Treiben diese Herausforderungen Sie beide auseinander oder bringen sie Sie näher zusammen?

3. Welche Veränderungen sind Ihrer Meinung nach in Ihrer Ehe nötig?

4. Wären Sie bereit, sich mit Ihrem Ehepartner über die Gedanken zu unterhalten, die Ihnen bei diesen Fragen durch den Kopf gehen?

8

Abschiede: Umgang mit Trauer

Wenn wir die zweite Ehehälfte angehen, haben wir schon einige Verluste hinnehmen müssen: Wir haben von uns nahestehenden Menschen Abschied genommen. Damit meinen wir nicht nur den letzten Abschied durch den Tod – den wir sicher auch schon manches Mal erlebt haben –, sondern wir meinen auch andere Arten von Abschied, z. B. von unseren Kindern, die selbstständig geworden sind und das Elternhaus verlassen haben. Wir mussten uns verabschieden von lieb gewordenen Orten; von unserer Arbeit, unserem Erfolg und der Karriere; von unserer gewohnten Kraft, die wir bisher immer für selbstverständlich gehalten haben; von den Träumen unserer Jugend. Wir verlieren Freunde, unsere Stelle und Ideale. Das hinterlässt eine schmerzliche Leere.

Susanne erzählt:

Mein Mann und ich verloren unsere Mütter innerhalb von vier Monaten. Es gab ein paar fast unheimliche Ähnlichkeiten. Beide waren schon lange verwitwet. Beide waren dement. Die Todesursache war nicht ganz klar: Lungenentzündung, Dehydrie-

rung oder Unterernährung. *Sie beide gingen einfach still und leise aus dem Leben.*

Das war kein gutes Jahr. Aber wir verzweifelten nicht in unserer Trauer. Wir wussten, dass es für beide Mütter eine Erlösung war. Eher verspürten wir eine Art Leere. Da war eine Lücke, die nicht gefüllt wurde. Damit verbunden waren Dinge, die wir mit ihrem Tod verloren, was uns vorher nie in den Sinn gekommen war: unser eigenes Elternhaus, das wir niemals wieder betreten würden; der Eintopf, den nur meine Mutter genau so kochen konnte und den wir nie wieder essen würden; die Reise zu meiner Schwiegermutter, die wir niemals wieder machen würden.

Das brachte uns auf die Idee, dass wir in dieser Lebensphase etwas hinzufügen müssen, damit es nicht nur eine Zeit des Verlustes wird. Wir haben einander, aber trotzdem muss unsere Welt erfüllter werden. Also suchten wir nach Möglichkeiten, wie wir anderen helfen könnten.

„Das sind die glücklichsten Tage meines Lebens": Versöhnung zwischen Vater und Sohn

Jeder Mensch erlebt Verluste auf persönliche und einzigartige Weise. Jede Ehe wird von lebenslangen Beziehungen und Erfahrungen beeinflusst. Was gegen Ende des Lebens geschieht, öffnet manchmal auf unerwartete Weise die Herzen und verändert unsere Denkweise. Fragen Sie nach bei Ted und Linda! (das Paar mit dem Boot aus Kapitel 1).

Teds Eltern ließen sich nach 52 Jahren Ehe scheiden. Er und seine Schwestern verbrachten nach der Trennung viel mehr Zeit mit der ängstlichen Mutter als mit dem unbeherrschten Vater. Ted erzählt, dass man immer von ihnen erwartete, gegen den Vater Partei zu ergreifen. „Eines Tages machte er mich am Telefon zur Schnecke", berichtet Ted. „Als er seine Wut an mir ausließ, dachte ich bei mir: *Mit dem bin ich fertig!*

Ich fühlte mich richtig schlecht und drei Monate lang hatten wir keinen Kontakt. Schließlich schrieb ich ihm einen Brief und daraufhin rief er mich an. Zum ersten Mal überhaupt sagte er: ‚Es tut mir so leid.'"

Ted war 51, sein Vater 86, als sie sich zu versöhnen begannen. Eines Tages beklagte sich sein Vater bei einem Besuch bei Linda darüber, wie schlecht er von seiner Familie behandelt wurde, und fing an, Ted zu kritisieren. „Augenblick mal!", warf sie ein und schnitt ihm das Wort ab. „Ich will dir mal erzählen, wie es wirklich aussieht."

„Das war der Wendepunkt", sagt Linda. „Er war beeindruckt von einer Frau, die ihm widersprach."

„Aber ohne ihn zu verurteilen", ergänzt Ted. Sein Vater hatte während seiner Ehe immer wieder Affären gehabt. Schon zu Anfang ihrer Ehe hatte Ted Linda bekannt, dass er Angst habe, er könnte so werden wie sein Vater. Sie versicherte ihm, dass das nicht passieren würde. „So wirst du nicht. Du bist loyal und wir sind ein Team."

Als sein Vater neunzig Jahre alt war, hatte sich die Beziehung zwischen Ted und seinem Vater deutlich verbessert. Ted wusste, dass sich sein Vater liebevoll um andere Menschen kümmerte. Er hatte ein Programm für Behinderte ins Leben gerufen und Ted dachte: *Andere Leute hat er aus ihrem Elend herausgeholt, aber um ihn selbst hat sich niemand gekümmert.*

Die Zeit verging und Ted setzte sich sehr dafür ein, dass die Beziehung zu seinem Vater weitere Heilung erfuhr:

Als sein Vater 101 Jahre alt war und von einem mobilen Hospizdienst betreut wurde, zogen Ted und Linda vorübergehend zu ihm. Sie legten eine Matratze ins Wohnzimmer, um dort zu übernachten, und oft legte sich Ted neben seinen Vater ins Bett. Das Verhältnis der beiden hatte sich endlich geklärt. Als die Hospizmitarbeiterin seinen Vater fragte, ob er gerne ein Krankenhausbett hätte, antwortete er: „Nein, dann kann mein Sohn nicht mehr neben mir schlafen."

Als sie zusammen mit Teds Schwester am Bett des Vaters saßen, lag Versöhnung in der Luft und der Sterbende sagte zu ihnen: „Das sind die glücklichsten Tage meines Lebens."

Eine weitere Begebenheit berührte Ted sehr tief: „In einem dieser Augenblicke zog ich meinen Stuhl zu ihm heran und legte ihm die Hand auf den Kopf. Plötzlich spürte ich, dass er mir ebenfalls seine Hand auf den Kopf gelegt hatte. Er ließ sie dort lange liegen, bevor er sie wegzog. Das war seine Abschiedsbotschaft für mich, sein Segen, auf den ich mein Leben lang gewartet hatte."

Die Einsamkeit der Trauer

In Zeiten der Trauer wenden sich viele Paare einander zu und das gegenseitige Mitgefühl verstärkt die Bindung zueinander noch. Trotzdem gilt: Jeder Mensch trauert auf die ihm eigene Weise und manchmal fällt es schwer, über die eigene Trauer hinauszublicken. Als wir Paare besuchten, die über den Verlust geliebter Menschen sprechen wollten, wurden wir daran erinnert, dass die Unterschiede in unserer Art der Trauer auch zu extremem Schmerz, Groll und zur Entfremdung führen können. Insbesondere der Tod eines Kindes oder Schwiegerkindes kann selbst einem Paar, das sich liebt, die Orientierung nehmen und die beiden voneinander isolieren.

Jeder Mensch trauert auf die ihm eigene Weise und manchmal fällt es schwer, über die eigene Trauer hinauszublicken.

Der eine Partner mag vor Trauer fast gelähmt sein, während der andere tapfer „weitermarschiert". Der eine reagiert wütend auf Gott und steht kurz davor, den Glauben zu verlieren, während der andere verzweifelt versucht, an Gott festzuhalten.

Mit einem Mal wird eine harmonische Ehe der stürmischen See ausgesetzt.

Der Schmerz, den wir sahen, erinnerte uns an ein Gedicht von Robert Frost, *Home Burial – Heimbegräbnis*. Der vielfach ausgezeichnete Dichter nimmt uns mit hinein in die Auseinandersetzung eines Mannes und seiner Frau, beide fassungslos und erfüllt von Kummer. Frost schrieb aus seiner persönlichen Erfahrung heraus: Sein erstgeborener Sohn Elliot starb mit drei, später verloren er und seine Frau noch zwei weitere Kinder. Hier einige kurze Auszüge aus seinem Gedicht.

Der Mann beschreibt den kleinen Friedhof hinter ihrem Haus:

> *„So klein, das Fenster rahmt ihn gänzlich ein …*
> *Drei Schiefersteine und ein Marmorstein …*
> *Ich hab's kapiert: Die Steine sind es nicht,*
> *es ist das Kindergrab …"*
> *„Hör auf, hör auf!", rief sie.*
> *Sie schauderte zurück vor seinem Arm …*
> *„Kann denn ein Mann vom toten Kind nicht sprechen?"*
> *„Nicht du!"*

Die Frau eröffnet ihrem Mann dann, was sie sah:

> *„Wenn du Gefühle hättest, der du grubst*
> *mit eigener Hand – wie nur? – sein kleines Grab;*
> *von eben diesem Fenster sah ich dich*
> *und wie der Kies nach oben sprang und sprang,*
> *hochsprang, und so und so und niederfiel*
> *und von dem kleinen Haufen rollt am Grab.*
> *Wer ist der Mann, dacht ich. Du warst mir fremd."*

Die einfühlsame Übertragung ins Deutsche stammt von Lars Vollert.[32] Es lohnt sich, das erschütternde Gedicht einmal im Ganzen zu lesen. Doch warum? Frosts Gedicht zeigt, wie sich Männer und Frauen in Zeiten der Trauer voneinander entfremden können; manchmal gilt das sogar für Paare in einer stabilen Ehe.

Auf einer Konferenz in Nashville unterhielten wir uns mit David und Nancy Guthrie über den Verlust ihres Kindes. Bei einer Veranstaltung sprachen sie über ihre Erfahrungen und die hilfreichen Einsichten, die ihnen das Buch Hiob vermittelte, als sie den Tod eines Kindes betrauerten. Später verloren sie ein weiteres Kind und seitdem kümmern sie sich um andere trauernde Eltern.

In ihrem Buch *When Your Family's Lost a Loved One* („Wenn deine Familie einen geliebten Menschen verloren hat") geben sie Beispiele dafür, wie Eltern auf unterschiedliche Weise trauern und wie dies zu Spannungen führen kann. Nancy und David lasen schon zu Beginn ihrer eigenen Trauerzeit die Geschichte einer trauernden Mutter, die es ihrem Mann übel nahm, dass er nicht so traurig war, wie er ihrer Ansicht nach sein sollte. Nach dem Tod ihres Sohns ging jener Mann wieder zur Arbeit. Dass er nach Meinung seiner Frau keine Trauer zeigt, riss einen Graben zwischen ihnen auf. Als sie jedoch erfuhr, dass er auf dem Weg zur Arbeit jeden Tag am Straßenrand anhielt und weinte, begriff sie, dass sie auf verschiedene Art und Weise trauerten. Als David und Nancy diese Geschichte lasen, war es eine Warnung für sie, dass ihre Trauer sie in unterschiedliche Richtungen führen und sie sogar auseinanderbringen könnte.

Später schrieb David: „In den finstersten Zeiten ihrer Trauer schien Nancy völlig in sich zusammenzusinken. Sie war immer ein fröhlicher, den anderen zugewandter Mensch gewesen.

---

32 Robert Frost, *Promises to keep. Poems – Gedichte. Übersetzung und Nachwort von Lars Vollert*, C.H.Beck textura, München, 9. Auflage 2016.

Wenn ich sie jetzt so sah, war das seltsam, sogar Furcht ein-
flößend. Weil ich mich unsicher fühlte, zog ich mich instinktiv
von ihr zurück, als würde sie mich zurückweisen. Nachts im
Bett wandte sie mir oft den Rücken zu, rollte sich zusammen
und schlief weiter. Wenn ich versuchte, sie zu trösten, spannte
sie sich noch mehr an und zog sich in sich zurück wie ein Gür-
teltier in seinen Panzer." David erzählt, dass er in dieser Zeit
den Entschluss fasste, „ihr nahezubleiben, an ihr festzuhalten,
meistens den Mund zu halten und einfach da zu sein".

Der amerikanische Theologe und Schriftsteller Joseph Bayly
und seine Frau verloren – man kann es sich fast nicht vorstellen – drei Söhne: einen nach einer Operation, einen durch
Leukämie, den dritten durch einen Rodelunfall. In seinem
Buch schreibt Joseph Bayly, dass in einer solchen Situation ein
Mann und seine Frau mehr Liebe brauchen und doch entdecken, dass „ihre Beziehung belastet wird und sich manchmal
sogar noch verschlechtert". Er beobachtet, dass das für jeden
der beiden Ehepartner anders aussehen kann, und beschreibt
verbreitete Rückzugsmuster: „Das verstorbene Kind nicht zu
erwähnen; Zusammenbruch der Kommunikation; Flucht in
den Schlaf; Rückzug aus Freundschaften, vor allem neu ent-
standenes, extremes Engagement in Vereinen oder Gemeinde."

Joseph Bayly rät trauernden Paaren Folgendes: „Nun ist es
an der Zeit zusammenzuhalten, an der Zeit, auf die emotionalen und sexuellen Bedürfnisse des Partners einzugehen, an
der Zeit, sich zu zwingen, miteinander ins Gespräch zu kommen und zuzuhören, als ob Ihre Ehe davon abhinge. Manchmal ist das tatsächlich der Fall."

„Das können sie dir doch nicht antun!"

In der zweiten Ehehälfte trauert man nicht nur um verstorbene Angehörige. Manchmal hat man auch mit dem Verlust des Arbeitsplatzes zu kämpfen.

Daniel, 61 Jahre, ist Geschäftsführer einer kleinen Firma, in der er bereits seit fünfundzwanzig Jahren arbeitet. Er wird in das Büro des Vorstandsvorsitzenden einer größeren Firma bestellt, der seine Firma gehört. Man teilt ihm mit, dass man seine Dienste in Zukunft nicht mehr benötigt und dass der kommende Freitag sein letzter Arbeitstag ist. An diesem Abend geht Daniel vollkommen schockiert nach Hause und erzählt seiner Frau Sarah davon. Diese Nachricht trifft Sarah völlig unvorbereitet. Ihren Zorn und ihren Frust lässt sie an Daniel, dem Überbringer der schlechten Neuigkeiten, aus. „Willst du das einfach so akzeptieren? Das ist unfair! Du musst um dein Recht kämpfen! Du musst dich gegen sie behaupten!"

„Es hat keinen Sinn, dagegen zu kämpfen", widerspricht Daniel. „So etwas passiert die ganze Zeit. Es würde eine Menge Geld kosten, die Firma zu verklagen, und das ist die Mühe nicht wert." Er verlässt den Raum in dem Gefühl, von seiner Frau zurückgewiesen zu werden. Sarah zieht sich weinend ins Schlafzimmer zurück, voller Groll gegen ihren Mann und die Firma.

Trauer ist nicht ein einzelnes Gefühl, sondern vielmehr ein Bündel von Emotionen.

Daniel und Sarah reagieren zunächst mit einem Schock auf diesen großen Verlust. Er ist wie gelähmt, sie ist zornig. Trauer ist nicht ein einzelnes Gefühl, sondern vielmehr ein Bündel von Emotionen. Dieses Bündel setzt sich zusammen aus Schock, Furcht, Zorn, Groll, Frustration und anderen Gefühlen. Jeder Mensch zeigt zu unterschiedlichen Zeitpunkten unterschiedliche Emotionen und auch die Reaktionen auf diese

Gefühle weisen eine große Bandbreite auf. Darum führt Trauer oft zu Rückzug, Trennung und manchmal sogar Scheidung.

Nach einigen Auseinandersetzungen begreifen Daniel und Sarah, dass sie Hilfe brauchen. Sie nehmen Kontakt mit einem christlichen Seelsorger auf, der sie bei diesem Trauerprozess begleitet und ihnen zeigt, dass ihre unterschiedliche Art zu trauern sie nicht auseinanderbringen musste. Sarah sagt dankbar: „Heute fühle ich mich Daniel näher als jemals zuvor. Wir steckten im alten Trott fest. Jede Woche machten wir dasselbe und hatten dabei kaum Zeit füreinander. Als er arbeitslos wurde, gab mir das den Rest. Im Rückblick begreife ich, wie unfair ich mich gegenüber Daniel verhalten habe, weil ich von ihm verlangte, dass er etwas in Ordnung brachte, das man überhaupt nicht in Ordnung bringen konnte.

Jeder von uns braucht andere Menschen, wenn wir die verschiedenen Phasen der Trauer durchmachen.

Ich bin so froh, dass wir einen Seelsorger hinzugezogen haben. Ich mag gar nicht daran denken, was geschehen wäre, wenn wir weiterhin miteinander gestritten hätten."

Am Beispiel von Daniel und Sarah sieht man, wie wichtig es ist, Hilfe in Zeiten der Trauer zu suchen. Das kann bedeuten, mit Freunden, einem Pastor oder einem Seelsorger zu sprechen, dem man vertraut. Jeder von uns braucht andere Menschen, wenn wir die verschiedenen Phasen der Trauer durchmachen.

Es gibt kein allgemeingültiges 5-Punkte-Programm, mit dem man Trauer verarbeiten kann. Viele Menschen machen jedoch bei einem einschneidenden Verlust ähnliche Phasen durch. Typischerweise reagiert man zunächst schockiert. Eine Zeit lang mag das hilfreich sein, doch dann kommen die Gefühle hoch. Es ist wichtig, diese Gefühle zuzulassen und zu zeigen. Nicht ohne Grund haben wir Tränendrüsen – und ja, auch Männer dürfen weinen. Depression, Einsamkeit und Isolation sind ebenfalls Gefühle, die in Zeiten der Trauer an die Oberfläche kommen. Manchmal kommen auch körperliche Symptome wie Kopf- oder Rückenschmerzen hinzu. Ärzte wissen, dass viele körperliche Symptome auf emotionalen Stress zurückzuführen sind.

Auch Schuldgefühle können den Trauerprozess begleiten, wenn wir auf einen Verlust zurückblicken und uns selbst die Schuld für das Geschehene in die Schuhe schieben. Wie oben bereits erwähnt, begegnet man in solchen Situationen auch häufig Zorn und Groll. Sich aus dem Alltag mit seinen Verpflichtungen zurückzuziehen ist eine weitere typische Reaktion. Von grundlegender Bedeutung für den Trauerprozess ist es, dass wir mit anderen über unsere Gedanken und Gefühle sprechen.

Von grundlegender Bedeutung für den Trauerprozess ist es, dass wir mit anderen über unsere Gedanken und Gefühle sprechen.

Das heißt jetzt nicht, dass unsere Trauer im Mittelpunkt jedes Gesprächs stehen sollte. Aber wir sind der festen Überzeugung, dass man seine Trauer gemeinsam mit anderen bewältigen soll. Wer andere Menschen in einer Trauerphase begleitet, sollte berücksichtigen, dass es wichtig ist, ein Gespräch über den Verlust anzubieten – ob es sich nun um eine Arbeitsstelle oder den Tod eines Angehörigen handelt. Im Wesentlichen bringen wir damit zum Ausdruck: „Ich denke daran und es geht mir nahe."

„Ich packe den Umzugskarton und dann weine ich"

Eine andere Art von Verlust kann in dieser Lebensphase hinzukommen: der Verlust der vertrauten Umgebung bei einem Umzug. Paul und Ellen hatten vierzig Jahre in derselben Stadt gelebt und stets dieselbe Gemeinde besucht. Seit ihrer Hochzeit gehörten sie hierher. Ihre drei Kinder waren weggezogen und lebten über das ganze Land verstreut. Als sich Pauls und Ellens Gesundheitszustand verschlechterte, begannen sie über ihre Zukunft zu sprechen. Ihre Tochter und ihr Schwiegersohn bestanden darauf, dass Paul und Ellen in ihre Stadt ziehen sollten, damit sie sich um sie kümmern konnten. Die Eltern dachten darüber nach, beteten und ließen sich schließlich auf diesen Vorschlag ein. Als der Tag des Umzugs näher rückte, packte Paul und Ellen jedoch die Trauer.

Ellen sagt: „Ich packe einen Umzugskarton und dann weine ich. Dann packe ich noch einen Karton und weine wieder. Es fällt so schwer, alle Freunde zurückzulassen."

„Das ist das Schwerste, was wir jemals gemacht haben", seufzt Paul, „aber wir wissen, dass es der richtige Weg ist. Wir haben Leute an unserem neuen Wohnort kennengelernt und wissen, dass Gott uns neue Freunde schenken wird. Wir sind so dankbar, dass unsere Tochter und ihr Mann bereit sind, das für uns zu tun."

Paul und Ellen verarbeiten ihre Trauer auf positive Weise, indem sie ihren Freunden davon erzählen. Sie wissen, dass sie zwar ihr Haus und das vertraute Umfeld verlieren werden – eingeschlossen ihre Freunde –, dass sie sich andererseits in der neuen Umgebung sicherer fühlen, weil sie ihrer Tochter nahe sein werden. Sie entscheiden sich bewusst dafür, optimistisch zu sein, dass sie neue Freunde finden und in einer neuen Gemeinde mitarbeiten werden. Trauer kann sich in etwas Positives verwandeln, wenn man sie in guter und gesunder Weise verarbeitet.

„Sich auf die Vögel konzentrieren"

Gehen wir noch einmal zu Susanne am Anfang des Kapitels zurück, die darüber nachdachte, wie man bei einem Verlust etwas hinzufügen könnte, statt nur etwas wegzunehmen. Dieser „Gewinn" kann sich in der Art und Weise zeigen, wie wir die Dinge sehen.

Ein Mann formulierte es einmal so: „Wann ist ein Vogel größer als ein Berg? Wenn er auf dem Fenstersims sitzt und der Berg weit weg ist. Es kommt darauf an, wie wir die Dinge sehen. Wir müssen uns auf die Vögel konzentrieren und die ‚schönen' Dinge im Leben und wir dürfen nicht zulassen, dass die Berge ihre kalten Schatten auf uns werfen."

Es kommt darauf an, wie wir die Dinge sehen.

Jeder von uns wird früher oder später trauern. Ich (Gary) habe den Tod meines Vaters und meiner achtundfünfzigjährigen Schwester – andere Geschwister hatte ich nicht – verkraften müssen. Karolyn hat ihre Eltern und vier Geschwister verloren.

In jeder Trauerphase fragten wir einander: „Wie kann ich dir am besten helfen?"

Manchmal lautete die Antwort: „Halt mich einfach im Arm."

Manchmal auch: „Gib mir Freiraum."

Wir haben gelernt, die Antwort des anderen zu respektieren, weil wir wissen, dass der Trauerprozess viele Erscheinungsformen hat und der Weg zur Heilung nicht schnurgerade verläuft.

9

Zwei sind besser als einer

Wenn Sie schon lange verheiratet sind *und* es Ihnen richtig gut gefällt, verheiratet zu sein, haben Sie vielleicht das Gefühl, nicht mehr ganz zeitgemäß zu sein. Sie lesen Statistiken darüber, dass immer weniger Menschen heiraten, dass immer mehr Paare ohne Trauschein zusammenleben, dass die jüngere Generation den Traualtar meidet usw. Da kann man schon mal das Gefühl bekommen, die Ehe sei ein abseitiger Zeitvertreib, quasi ein kurioses Hobby, das nur von wenigen Erwählten (oder Verrückten?) betrieben wird. Und nicht nur das: Es überfällt uns auch das Gefühl, wir würden gegen den Strom des Zynismus schwimmen, wenn wir der Meinung sind, man könne sich ein Leben lang lieben und füreinander da sein. In einem Internetartikel wurde behauptet, es sei unmöglich, sich ein Leben lang zu vertragen. Ein Leser hinterließ den Kommentar, die traditionelle Ehe sei „völlig tot, Ehen geraten ins Schlingern und scheitern". Er

> *Vielleicht haben Sie das Gefühl, nicht mehr ganz zeitgemäß zu sein.*

riet: „Denken Sie nicht einmal daran, sich auf eine langfristige Ehe einzulassen!"

Ist die Ehe ein trügerischer Traum, der nichts als gebrochene Herzen hinterlässt? Ja, wenn man an die Märchen denkt, wo alle Beteiligten glücklich bis an ihr Ende leb-

> *Zu heiraten bedeutet jedoch, sich auf ein wildes Abenteuer einzulassen, das vielleicht zu einem Happy End führt.*

ten und das auch noch in einem Schloss – reich, sorgenfrei, ohne Probleme. Zu heiraten bedeutet jedoch, sich auf ein wildes Abenteuer einzulassen, das vielleicht zu einem Happy End führt.

In Kapitel 2 schrieben wir von Andy und Phyllis und dem Applaus, den sie von ihren Studenten erhielten, wenn sie ihnen erzählten, dass sie fast vierzig Jahre verheiratet waren. Junge Erwachsene saugen die Vision einer langen, stabilen Ehe wie ein Schwamm auf. Vielleicht gibt es doch Hoffnung!

Es ist unbestritten, dass wir Vorbilder im Hinblick auf gute Ehen bitter nötig haben, ebenso ein größeres Bewusstsein dafür, wie wichtig die Ehe ist und wie gut sie sein kann. In Wirklichkeit ist es ja auch tatsächlich so, dass wir solche Vorbilder überall um uns herum finden, dass sie aber von den Medien und in unserer Kultur generell kaum beachtet werden. Aber wir kennen sie. Wir finden sie unter unseren Freunden und Verwandten, Kollegen, Gemeindemitgliedern. Sie sind unsere Kunden und Nachbarn oder vielleicht die nette Frau, die den Sehtest beim Augenarzt durchführt.

Und wir sind es auch.

Wer das Glück einer gelingenden und widerstandsfähigen Ehe kennt, warmherzig und freundlich, in der man über die gleichen Witze lachen kann und, ja, auch gern intim miteinander ist, der kann in diese Worte einstimmen: „Alles, was Gott uns gibt, ist gut und vollkommen. Er, der Vater des

Lichts, ändert sich nicht; niemals wechseln bei ihm Licht und Finsternis."[33]

Eine gute Ehe ist ein Geschenk. Sie ist Gnade, unverdient, ein Gefallen, den Gott uns erweist. Das sollte uns Tag für Tag demütig machen.

In diesem Buch haben wir viel über Probleme und Verluste gesprochen und auch darüber, wie eine Ehe trotzdem gelingen kann, wenn man mit Schwierigkeiten zu kämpfen hat. Doch wie wir alle wissen, gehört zur Ehe viel mehr als nur Probleme (Gott sei Dank!). Wir freuen uns an unserem Ehepartner, Tag für Tag.

> *Eine gute Ehe ist ein Geschenk. Sie ist Gnade, unverdient, ein Gefallen, den Gott uns erweist.*

Können Sie sich noch an die Frau mit den vielen Haustieren erinnern? Sie erzählte uns:

Neulich, an einem schönen warmen Sonntagnachmittag, fühlte ich mich richtig erschöpft. Ich hatte hart gearbeitet und unseren erwachsenen Kindern geholfen. Ich brauchte wirklich eine Pause. Also nahmen meine Mann und ich all unsere Tiere, die Vögel, Fische und den Hund, mit auf die Veranda vor dem Haus. Dann setzten wir uns mit der Sonntagszeitung hin und lasen. Ich fand einen interessanten Artikel und las ihn meinem Mann vor. Dann sprachen wir darüber und noch über vieles andere und dazu haben wir Wasser mit einem Schuss Zitrone getrunken, aber ohne Eis, weil unser Eiswürfelbereiter kaputt ist.
Ich wusste: Das gehört zu den Freuden in der zweiten Ehehälfte. Diese Augenblicke, einer nach dem anderen.

Und genau *das* entgeht den Zynikern.

---

33   Jakobus 1,17; Hoffnung für alle.

„Wir fühlten uns geliebt"

Das Geschenk einer langen Ehe bringt auch viele, viele Menschen mit sich, deren Leben mit unserem verwoben ist. Jeanette und ich (Harold) haben das vor einigen Jahren erfahren. Weit nach Mitternacht lagen wir und unsere drei Kinder im Bett und schliefen fest, als ein Gewitter aufzog. Der Blitz schlug ein. Unser Haus fing Feuer; der Rauchmelder schlug Alarm. Jeanette wachte auf, sah die Flammen und brüllte uns zu, dass wir das Haus verlassen sollten. Ich holte unsere Kinder aus ihren Zimmern und wir rannten gemeinsam nach draußen in den Regen.

Schon bald standen vierzehn Feuerwehrwagen in unserer Sackgasse und Dutzende von Nachbarn waren an unserer Seite und schauten mit uns an, wie unser Haus niederbrannte. Wenn wir an jene Nacht zurückdenken und an das darauffolgende Jahr, erinnern wir uns an zahllose Taten der Nächstenliebe:

- Unsere Nachbarn luden uns im strömenden Regen mitten in der Nacht zu sich nach Hause ein und versorgten uns mit Kleidung.
- Ein Mitarbeiter der Stadtverwaltung kam noch vor der Morgendämmerung zu uns und versicherte uns, dass er sich für den Wiederaufbau einsetzen werde.
- Am nächsten Morgen gingen Freunde von uns zum Supermarkt, um notwendige Kleinigkeiten, wie zum Beispiel Zahnbürsten, zu besorgen.
- Als die Nachbarn hörten, dass unsere Tochter an dem Tag, als das Feuer ausbrach, ihren zwölften Geburtstag feierte, überreichten sie ihr schön eingepackte Geschenke.
- Mitglieder unserer Gemeinde erklärten sich bereit, für uns Mahlzeiten zuzubereiten, den Müll zu entsorgen

und ein Inventar unserer vom Feuer zerstörten Habseligkeiten zu erstellen, damit wir es bei der Versicherung einreichen konnten. Auch viele Kollegen halfen uns in vielerlei Hinsicht.

Ja, wir haben bei dem Brand kostbare Dinge verloren und es dauerte ein Jahr, bis sich unser Leben wieder normalisiert hatte. Jeanette organisierte den Wiederaufbau des Hauses, ich bearbeitete die Berge von Versicherungsunterlagen. Die schulischen Angelegenheiten unserer Kinder hatten wir gemeinsam im Blick. Wenn wir heute auf dieses Jahr zurückblicken, ist uns aber am eindrücklichsten in Erinnerung geblieben, wie viele Menschen sich um uns gekümmert haben.

Jeanette fasst es so zusammen: „Wir fühlten uns geliebt."

Ein persönliches Wort von Gary

Harold und ich haben die wertvolle Zeit genossen, in der wir die Interviews mit den vielen Paaren führten, die uns von ihren Erfahrungen in der zweiten Ehehälfte erzählten. Ich möchte mit einem persönlichen Wort schließen. Meine Frau Karolyn und ich sind nun über fünf Jahrzehnte miteinander verheiratet – und es gefällt uns ausnehmend gut! Durch Sonnenschein und Regen sind wir miteinander gegangen, durch Dunkelheit und Licht. Wir haben offen über die Probleme in unseren ersten Ehejahren gesprochen. In diesen schwierigen Tagen ging mir oft der Gedanke durch den Kopf: *Ich habe die Falsche geheiratet. Das funktioniert niemals, wir sind einfach zu verschieden.*

Damals steckte ich in der Ausbildung zum Pastor und je näher die Abschlussprüfung heranrückte, desto mehr begriff ich, dass ich niemals vor einer Gemeinde stehen und eine Botschaft der Hoffnung predigen könnte, wenn ich in meiner Ehe so unglücklich war.

Ich werde niemals den Tag vergessen, als ich Gott schließlich sagte: „Ich weiß nicht, was ich noch tun soll. Ich habe alles getan, was mir nur eingefallen ist, und ich weiß, dass es nicht besser wird." Als ich dieses Gebet gesprochen hatte, sah ich von meinem inneren Auge ein Bild, wie Jesus kniete und seinen Jüngern die Füße wusch. Und ich hörte, wie Gott zu mir sagte: „Das ist das Problem in deiner Ehe. Du verhältst dich gegenüber deiner Frau nicht so wie Christus." Das traf mich im tiefsten Inneren, denn ich erinnerte mich daran, was Jesus gesagt hatte, nachdem er seinen Jüngern die Füße gewaschen hatte: „Wie ich, euer Meister und Herr, euch jetzt die Füße gewaschen habe, so sollt auch ihr euch gegenseitig die Füße waschen."[34]

Ich wusste genau, dass meine Einstellung anders aussah. In den ersten Ehejahren hätte ich sie meiner Frau gegenüber ungefähr so zusammengefasst: „Ich weiß, wie man eine gute Ehe führt. Wenn du nur auf mich hörst, wird es uns gut gehen."

Im Rückblick war das das größte Gebet im Hinblick auf meine Ehe, das ich jemals gesprochen habe, weil Gott meine Einstellung änderte.

Aber Karolyn wollte nicht auf mich hören und ich schob ihr die Schuld für unsere schlechte Ehe in die Schuhe. Aber an jenem Tag hörte ich eine andere Botschaft. Das Problem lag darin, dass meine eigene Einstellung nicht christusähnlich war und ich nicht bereit war zu dienen.

Also sagte ich zu Gott: „Herr, vergib mir. Ich habe Griechisch, Hebräisch und Theologie studiert, aber der springende Punkt ist mir entgangen." Dann bat ich: „Bitte schenk mir gegenüber meiner Frau so eine Einstellung, wie sie Christus hatte." Im Rückblick war das das größte Gebet im Hinblick auf

---

34   Johannes 13,14; Hoffnung für alle.

meine Ehe, das ich jemals gesprochen habe, weil Gott meine Einstellung änderte.

Anhand von drei Fragen konnte ich das ganz praktisch durchbuchstabieren. Durch diese drei Fragen veränderte sich meine Ehe radikal.

Die Fragen waren ganz einfach:

1. Was kann ich tun, um dir zu helfen?
2. Wie kann ich dir dein Leben erleichtern?
3. Wie kann ich dir ein besserer Ehemann sein?

Immer wenn ich bereit war, diese Fragen zu stellen, war Karolyn bereit, mir die Antworten zu geben. Das geschah viele Jahre, bevor ich etwas über *Die fünf Sprachen der Liebe* wusste, doch im Wesentlichen brachte sie mir bei, wie ich sie lieben konnte, indem ich hilfsbereit war. Als ich begann, auf ihre Antworten zu reagieren, veränderte sich unsere Ehe radikal. Innerhalb von drei Monaten begann auch sie mir diese drei Fragen zu stellen.

Nun gehen wir schon lange Zeit gemeinsam durchs Leben und mir wird jeden Tag wieder neu bewusst, was für eine unglaubliche Frau ich geheiratet habe. Vor nicht allzu langer Zeit sagte ich zu ihr: „Wenn jede Frau auf der Welt so wäre wie du, gäbe es keine Scheidungen."

Warum sollte ein Mann eine Frau verlassen, die alles tut, um ihn zu unterstützen? Mein Ziel war es in all den Jahren, meine Frau so zu lieben und ihr so zu helfen, dass sie – wenn ich einmal gestorben bin – niemals einen Mann finden könnte, der sie besser behandelt, als ich sie behandelt habe. Ich habe alles in meiner Macht Stehende getan, um ihr meine Liebe zu zeigen und sie zu unterstützen, und ich kann mir sicher sein, dass sie mich vermissen wird.

Ich glaube, genau das hatte Gott im Sinn. Gott hat die Ehe nicht eingesetzt, um Menschen damit unglücklich zu machen.

Gott hat die Ehe eingesetzt, weil er uns füreinander geschaffen hat. Zwei sind besser als einer. Gottes Plan sieht so aus, dass wir einander lieben und helfen, sodass wir uns dann als Einzelne und auch gemeinsam der Welt zuwenden und ihr dienen können mit den Fähigkeiten, die Gott uns gegeben hat.

Gott hat die Schwierigkeiten und den Schmerz meiner ersten Ehejahre gebraucht, um mir Mitgefühl mit Menschen zu schenken, die Eheprobleme haben. Wenn sie in meinem Büro sitzen und sagen: „Ich habe keine Hoffnung mehr für unsere Ehe", dann kann ich ehrlichen Herzens sagen: „Das kann ich verstehen. Warum lassen Sie sich nicht von *meiner* Hoffnung tragen? Ich habe jede Menge Hoffnung."

> *Gott hat die Ehe eingesetzt, weil er uns füreinander geschaffen hat. Zwei sind besser als einer.*

Ich habe Hunderte Paare kennengelernt, die den Schlüssel zu einer Ehe entdeckt haben, die ein ganzes Leben lang hält. Wenn ich das kurz zusammenfassen sollte, würde ich sagen, dass es dabei zwei wesentliche Punkte gibt.

Erstens: Mann und Frau sollen einander lieben und helfen und so das emotionale Bedürfnis nach Liebe und Nähe befriedigen.

Und zweitens sollen sie um Entschuldigung bitten und einander vergeben, wenn sie scheitern. Das ist entscheidend, weil niemand von uns vollkommen ist. (Obwohl sich ja einmal ein Mann meldete, als der Vortragsredner fragte: „Hat jemand von Ihnen schon einmal von einem perfekten Ehemann gehört?" Dieser Mann also hob die Hand und sagte laut: „Ja, der Exmann meiner Frau.") Wenn es perfekte Menschen gibt, so meine Beobachtung, sind sie bereits verstorben. Und die meisten von ihnen erreichten erst nach dem Tod das Stadium der Vollkommenheit.

Man muss nicht vollkommen sein, um eine lange, gute Ehe zu führen; aber wir müssen um Entschuldigung bitten und uns gegenseitig vergeben, wenn wir Fehler machen. Ich habe bereits den Tag erwähnt, als unser Sohn über die Ferien nach Hause kam und zu Karolyn und mir sagte: „Ich möchte euch danken, dass ihr zusammengeblieben seid. Ich weiß, dass eure ersten Ehejahre nicht einfach waren, und ich bin so froh, dass ihr immer noch zusammen seid. Ich habe fünf Freunde von der Uni, die in den Weihnachtsferien nicht nach Hause fahren, weil sich ihre Eltern getrennt haben oder geschieden sind, nachdem sie mit dem Studium angefangen haben. Sie wissen nicht, welchen Elternteil sie zu Weihnachten besuchen sollen, deshalb bleiben sie in ihrem Wohnheim."

Man muss nicht vollkommen sein, um eine lange, gute Ehe zu führen.

Wir umarmten uns und weinten vor Freude, dass Gott uns geholfen hatte, nicht nur zusammenzubleiben, sondern uns auch eine Beziehung geschenkt hatte, in der wir einander liebten, uns umeinander kümmerten und einander unterstützten.

Wir wünschen uns, dass wir Sie mit diesem Buch ermutigen konnten, die Freuden und Herausforderungen der zweiten Ehehälfte realistisch anzugehen. Die Geschichten, die Sie hier gelesen haben, und die Grundsätze, die Sie bei den Menschen kennengelernt haben, die schon seit Langem gerne verheiratet sind, wollen Ihnen dabei eine Hilfe sein. Wir glauben wirklich, dass die zweite Ehehälfte die Liebe in den besten Jahren sein kann. Wenn Sie dieses Buch hilfreich fanden, hoffen wir, dass Sie Ihren Freunden davon erzählen und es vielleicht sogar als Gesprächsgrundlage in einer Kleingruppe einsetzen.

Das Beste, was wir für die Ehen der nächsten Generation tun können, ist Folgendes: ihnen das Vorbild von einem Mann und einer Frau vor Augen zu stellen, die einander lieben, auf das Wohlergehen

Wir glauben wirklich, dass die zweite Ehehälfte die Liebe in den besten Jahren sein kann.

des anderen achten, mit Fehlern umgehen können und Gott in allem, was sie tun, ehren wollen.

Wir hoffen, dass dieses Buch Ihnen helfen wird, das zu tun, „bis dass der Tod euch scheidet".

John und Cindy Trent

„Jesus hält unsere Zukunft in der Hand – darauf können wir uns verlassen"

Dr. John Trent hat zusammen mit Gary Smalley u. a. das Buch Bitte segne mich![35] *verfasst. 2014 wurde er am Moody Theological Seminary auf den Gary D. Chapman-Lehrstuhl für Ehe und Familie berufen. Er lebt mit seiner Frau Cindy in Scotsdale/Arizona. Die beiden sind seit sechsunddreißig Jahren verheiratet und haben zwei erwachsene Töchter, Kari und Laura.*

Wie sieht ein Abenteuer für euch aus?

In unserer Ehe ist Cindy die Lehrerin, Planerin und Organisatorin. Stell dir Bilbo Beutlin im Buch *Der Hobbit* vor, der ganz zufrieden damit war, in seinem kleinen Haus im Auenland zu bleiben, ohne jemals das Abenteuer zu suchen. Damit will ich sagen: Ich habe sehr schnell begriffen, dass Cindy und ich niemals zusammen gleitfliegen, extremskifahren oder im Haifischbecken tauchen werden, um einen Hauch von Abenteuer in unsere Ehe zu bringen.

Aber wir haben gelernt, dass Abenteuer nicht unbedingt lebensgefährlich sein müssen. Zu den Dingen, die unsere Ehe frisch und lebendig erhalten, gehört auch das alltägliche Abenteuer, gemeinsam etwas zu tun, das uns ein paar Schritte aus unserer Komfortzone hinausführt. Zum Beispiel haben wir gerade angefangen, in einem (für uns) unglaublich anspruchsvollen Fitnesscenter zu trainieren. Eigentlich sind wir

35 Gary Smalley, John Trent: *Bitte segne mich! – Gottes Segen empfangen und weitergeben*, Verlag der Francke-Buchhandlung GmbH, Marburg, überarbeitete Neuauflage 2016.

Jahrzehnte älter als die anderen dort. Fast jedes Mal stöhnen wir: „Warum tun wir uns das bloß an?" Aber es macht immer Spaß, das anstrengende einstündige Training zusammen zu überstehen.

Wir leben in einer Großstadt und deshalb zwingen wir uns, jede zweite Woche ein neues Restaurant auszuprobieren, statt in die zu gehen, die wir schon seit Jahren kennen. Inzwischen sind unsere Töchter aus dem Haus und wir gehen in eine andere Gemeinde (und sind auch da wieder bei Weitem die Ältesten). Wir haben gerade einen Bibelkreis für Paare gegründet – auch dafür hatten wir keine Zeit, als unsere Töchter noch zu Hause waren. Wir machen also nichts „Extremes", aber eine Menge Neues. Und wir nehmen uns bewusst vor, nicht vor Orten oder Erfahrungen zurückzuschrecken, die „Leute in unserem Alter" nicht oft riskieren. Auch wenn die Musik in unserer neuen Gemeinde laut ist und man außer unseren nur selten graue Haare sieht.

Was ist für euch die größte Herausforderung in dieser Phase eurer Ehe?

Als wir diese Frage gelesen haben, haben Cindy und ich fast gleichzeitig gesagt: „Mit unseren Töchtern in Kontakt zu bleiben, die in einem anderen Bundesstaat wohnen." So viel hat sich verändert, seit Kari (unsere älteste) und Laura (die jüngere) ausgezogen sind und nun nicht mehr bei uns in Arizona wohnen, ins Berufsleben gegangen sind und mittlerweile jede fest mit einem jungen Mann befreundet ist.

Wir haben beide Mädchen so erzogen, dass sie sich ins Leben stürzen, dass sie große Träume wahr machen und hart arbeiten, um Gott und anderen Menschen zu dienen. Das Problem ist aber, dass sie sich das wirklich zu Herzen genommen haben. Diese Aufforderung, „etwas Großes zu tun", hat für Kari und Laura bedeutet, auf Missionsreisen zu gehen an sehr aufregende Orte (wir konnten einfach nur beten und versuchen, uns keine Sorgen zu machen). Sie schlossen ihr Studium ab und ließen sich dort nieder, wo der Herr es ihnen gesagt hatte (und das war in keinem Fall die Stadt, in der wir wohnen). Und wir forderten sie auf, ihren Blick auf Gott zu richten und nicht auf die Hochzeitsindustrie – und fragten uns manchmal, ob sie jemals Zeit finden würden, mit einem jungen Mann auszugehen.

Beide Mädchen sind zu außergewöhnlichen Frauen herangewachsen, die den Herrn lieben und sich ins Leben gestürzt haben. Aber das bedeutete auch, dass sie eine Universität besuchten, die nicht in unserem Bundesstaat liegt, und sie die Zuversicht und Vision hatten, nach Seattle beziehungsweise Dallas umzuziehen, um dort zu arbeiten. Beide Städte sind weit von Arizona entfernt! Für uns ist es also wichtig, die Beziehung zu unseren viel beschäftigten Kindern mit sehr unterschiedlichen Zeitplänen und Aufgaben über die Entfernung hinweg lebendig zu halten.

Ihr habt einen interessanten Lebensstil, was Arbeit und den Weg zur Arbeit betrifft – und diesen Lebensstil trifft man immer häufiger an. Wie habt ihr beide das organisiert?

Die wirtschaftliche Lage hat viele Paare gezwungen, lange Strecken zum Arbeitsplatz zu pendeln. Cindy und ich mussten fünfunddreißig Jahre lang Dienstreisen so in unseren Lebensplan einbeziehen, dass unsere Ehe dadurch nicht in Mitleidenschaft gezogen wurde. Schon zu Beginn meines Pastorendienstes wurde ich für Vorträge an ganz unterschiedlichen Orten angefragt. Ich bin im Rückblick sehr dankbar dafür, dass wir von Anfang an drei Entscheidungen getroffen haben, die dazu führten, dass diese Reisen uns nicht emotional entfremdet haben, auch wenn wir räumlich getrennt waren.

Erstens stellt Cindy mein Programm auf. Sie kann also mitbestimmen, wann und wohin ich fahre. So sage ich niemals einem Termin zu, wenn gleichzeitig Cindy – oder früher auch die Kinder – einen wichtigen Termin hatten. Meine Frau ist vom Anfang bis zum Ende in den Planungsprozess einbezogen, sonst steige ich nicht ins Flugzeug ein. Ich halte viele Vorträge auf Militärstützpunkten in Amerika und in anderen Ländern und weiß daher, dass viele Menschen beim Militär oder in anderen Berufen nicht die Freiheit haben, Nein zu einer großartigen Chance zu sagen, wenn das mit einem noch wichtigeren Termin zu Hause kollidiert. Ich bin sehr dankbar, dass Cindy und ich dieses Vorrecht genießen können, es für uns anders zu gestalten.

Die zweite große Entscheidung, die wir getroffen haben: Keine Reise soll aus unserem normalen Alltag ausgekoppelt sein. Das bedeutet, dass ich mich vor jeder Reise mit Cindy hinsetze und jeden einzelnen Tag mit ihr bespreche: „Das und das mache ich am Montag, hier halte ich am Dienstag einen Vortrag ...“ So wird meine Abwesenheit nicht zu einem weißen Fleck im Zeitplan. Meine Frau weiß genau, wofür und für wen sie an jedem Tag beten kann. Für die Kinder hatte ich sogar eine Landkarte der USA angeschafft. Ich zeigte ihnen immer genau, wo ich hinfuhr, und erzählte, was ich jeden Tag tun würde.

Letzter Punkt: Ich rufe oft zu Hause an, wenn ich unterwegs bin. Ich bin mit vielen Menschen unterwegs oder habe Leute kennengelernt, die während einer drei- oder viertägigen Reise nicht ein einziges Mal zu Hause anrufen (wenn man keinen Handyempfang hat oder gerade mit der Truppe verlegt wird, geht das natürlich nicht, aber das schließe ich hier ausdrücklich aus). Das ist ein großes Problem, wenn man es ernst damit meint, seine Ehe stark und gesund zu erhalten. Man belästigt seinen Ehepartner doch nicht mit einem Anruf am Tag – vielmehr bringt man zum Ausdruck: „Du bist mir wichtig, auch wenn ich unterwegs bin.“ Eine starke, gesunde

Beziehung kann man nicht durch Schweigen und Abwesenheit fördern.

John, du hast die Berufung auf den Chapman-Lehrstuhl zu einem Zeitpunkt angenommen, da viele andere in deinem Alter sich schon auf die Rente freuen oder sich zumindest keinen neuen beruflichen Herausforderungen mehr stellen. Erzähl uns doch ein wenig mehr darüber.

Chuck Swindoll ist schon seit Jahren mein Lehrer und Mentor, auch wenn wir weit entfernt voneinander wohnen. Er hat gesagt, dass es vor allen Dingen auf die Einstellung ankommt, wenn es ums Alter geht – und hat das auch selbst vorgelebt.

„Habt diese Gesinnung in euch, die auch in Christus Jesus war"[36]: Das ist eine biblische Aufforderung, die meiner Meinung nach bedeutet, immer bereit zu sein, um anderen zu dienen; jederzeit und in jedem Alter.

Vor einiger Zeit wurde mir die unglaubliche Ehre zuteil, zum ersten Inhaber des Gary D. Chapman-Lehrstuhls für die Arbeit mit Ehe und Familie am *Moody Theological Seminary* berufen zu werden. Das macht mir wahrscheinlich mehr Freude und fordert mich mehr heraus als jede andere Aufgabe, die ich jemals übernommen habe. Aber das hat für mich nichts mit dem Alter zu tun. Damit meine ich: Ich stehe zwar in der zweiten Lebenshälfte, aber hier geht es um meine grundsätzliche Einstellung. Kaleb sagte zu Josua: „Teile mir das Bergland zu"[37] – also das Terrain, das am schwierigsten zu erobern ist.

Von allen Seiten wird die Familie heute Angriffen ausgesetzt und das in einem Ausmaß, das man sich noch vor zehn Jahren kaum hätte vorstellen können. Es ist mir eine Ehre, dass ich daran mitarbeiten darf, die nächste Generation von Pastoren und Seelsorgern auszubilden, damit sie in dieser schwieri-

---

36 Philipper 2,5; Revidierte Elberfelder Übersetzung.
37 Josua 14,12; Hoffnung für alle.

gen Zeit Ehepaaren und Familien zur Seite stehen und ihnen Gottes Willen zeigen können. Und nein, ich werde deswegen weder mein Haar färben noch meinen Kleidungsstil ändern. Solch eine Anpassung hätte keinen Sinn.

Der Schlüssel liegt vielmehr darin, dass du dem Herrn dienst, damit er dich schließlich zu dem Menschen werden lässt, den er für die bestimmte Aufgabe gebrauchen kann, die er für dich vorbereitet hat – und nicht, dass du dich zurücklehnst und dir sagst, dass du schon zu alt für so etwas seist.

Was würdest du einem Paar raten, dessen Kinder mit der Ehe nichts anfangen können oder ihr skeptisch gegenüberstehen? Wie können wir unsere Kinder ermutigen, ohne uns allzu sehr einzumischen?

Viele der ab 1980 Geborenen heiraten immer später (oder lassen sich sogar immer später auf eine feste Partnerschaft ein). Einige ziehen sogar in Zweifel, ob die Ehe heute überhaupt noch eine realistische Wahlmöglichkeit ist. Als Eltern fällt es uns schwer, uns entspannt zurückzulehnen und unser Kind nicht in eine bestimmte Richtung zu schubsen, damit es jemand kennenlernt und heiratet. Mit unseren Mädchen haben wir uns über Onlinedating unterhalten, ob sie zum Beispiel bereit sein sollten, einen jungen Mann kennenzulernen, der sie zu einem Date eingeladen hat, wenn die wesentlichen Eigenschaften zueinanderpassen.

Für die meisten Eltern gleicht das Bemühen, ein Kind zur Eheschließung zu bewegen, dem Versuch, einen Pudding an die Wand zu nageln. Man hat kaum Einflussmöglichkeiten, abgesehen von Gebet und Ermutigung. Wir haben unsere Mädchen dazu ermutigt, eine Partnerschaft einzugehen und zu heiraten. Wir drängen sie aber nicht zu einer Eheschließung, weil es nicht darum geht, um jeden Preis verheiratet zu sein – sondern darum, ein ganzes Leben mit jemandem zu verbringen, der den Herrn liebt und ihm dient.

Wie gehst du vom psychologischen und geistlichen Standpunkt aus mit Zukunftsangst um? Was würdest du anderen Paaren in der zweiten Ehehälfte raten?

Cindy wuchs in einem Elternhaus auf, das von Alkoholabhängigkeit, ständigen Spannungen und fehlender Geborgenheit geprägt war. Meine Mutter war alleinerziehend und das Geld reichte oft nicht bis zum Monatsende. Wir beide schauen auf Jesus, der uns Sicherheit im Hinblick auf die Zukunft schenkt – aber wir beide mussten uns auch auf unterschiedliche Art und Weise mit Zukunftsangst auseinandersetzen. Und ich glaube nicht, dass wir damit allein dastehen. Ich habe *viele* Paare kennengelernt, die sich Sorgen um ihre Gesundheit, ihre Finanzen und unsere Welt machen, die sich ständig verändert und uns vor neue Herausforderungen stellt. Ehepaaren in unserm Alter rat ich, sich wirklich darauf zu verlassen, dass Jesus die Zukunft in seiner Hand hält. Er lässt uns niemals im Stich, wenn wir älter oder krank werden, wenn die Renten sinken oder wir zusehen müssen, wie es Freunden gesundheitlich schlechter geht oder sie mit ihrem Geld nicht mehr auskommen. Vielmehr sollten wir uns an Gottes Zusagen halten, z. B. diese hier: „Ich lasse dich nicht im Stich, nie wende ich mich von dir ab."[38] Die Zukunft kann unsicher aussehen und auch wirklich unsicher sein, aber wir sind nicht allein unterwegs. Nicht einen Augenblick.

Und noch eine zweite Möglichkeit nutze ich, um mit meiner Angst umzugehen: Ich begreife nämlich, dass Taten meine Gefühle bestimmen und nicht umgekehrt. Wenn wir Angst haben, werden wir Stress oder Furcht nicht bewältigen, indem

---

38   Josua 1,5; Hoffnung für alle.

wir darauf warten, dass sich unsere Gefühle verändern. *Meine Taten bestimmen meine Gefühle.* Das bedeutet: Wenn ich Schritte unternehme, um mein Budget zu planen, gesünder zu essen oder Sport zu treiben oder mich mit meinem Ehepartner ehrenamtlich zu engagieren, dann verändern unsere Taten unsere Gefühle.

Wie können Mann und Frau einander segnen?

Es gibt einen wunderbaren Bibelvers, der – wie ich finde – das umreißt, was es bedeutet, den Ehepartner zu segnen, in jedem Alter, in jeder Lebensphase. Gott fordert von seinem Volk eine Entscheidung, als es bereit ist, den Fuß in das verheißene Land zu setzen: „Himmel und Erde sind meine Zeugen, dass ich euch heute vor die Wahl gestellt habe zwischen Leben und Tod, zwischen Segen und Fluch. Wählt das Leben, damit ihr und eure Kinder nicht umkommt!"[39]

Schon ein flüchtiger Blick auf die vier Wörter *Leben* und *Tod*, *Segen* und *Fluch* weist Paaren in unserem Alter – oder überhaupt jeden Alters – den Weg. Zunächst sollen wir das Leben wählen. Natürlich bedeutet das in erster Linie, dass wir uns für die Quelle des Lebens entscheiden sollen: Jesus! Wir sollen uns also in Bewegung setzen, zunächst auf unseren Herrn zu, der uns wiederum in Bewegung setzt, damit wir auf unseren Ehepartner und andere Menschen zugehen. Doch es gibt noch eine andere Wahlmöglichkeit, sagt uns der Bibelvers – den Tod. Und das bedeutet, sich von jemandem „wegzubewegen".

Aber was tun wir, wenn wir uns „auf jemanden zubewegen"?

Wir sollen segnen, nicht verfluchen. In der Bibel ist der Begriff *segnen* mit dem Bild des Hinzufügens verknüpft. Wenn ich jemanden segne, füge ich seinem Leben etwas Gutes hin-

---

39 5. Mose 30,19; Hoffnung für alle.

zu. Weil diese Person in unserem Leben (unser Ehepartner) für uns so wertvoll ist, sollen wir zu ihrem Leben etwas hinzufügen – durch unsere Berührung, Worte und unsere aufrichtige Hingabe. Das tun wir, statt den anderen zu verfluchen. Durch einen Fluch möchte ich verhindern, dass dem anderen etwas Gutes geschieht – also das genaue Gegenteil eines Segens. Statt hinzuzufügen, nehme ich weg.

Sich für das Leben und den Segen zu entscheiden setzt und hält uns in Bewegung, damit wir auf unseren Ehepartner zugehen und nach Möglichkeiten suchen, seinem Leben etwas hinzuzufügen. Es verhindert, dass wir von ihm weggehen und zusehen, wie unsere Beziehung allmählich stirbt. Es hält uns davon ab, vom Leben unseres Partners etwas wegzunehmen, statt den Segen hinzuzufügen, wie es sich Gott wünscht.

Liebessprachen-Test für Männer

Sie glauben vielleicht, Ihre eigene Muttersprache der Liebe genau zu kennen. Und dann kommen Ihnen plötzlich wieder Zweifel. Dieser Test soll Ihnen helfen herauszufinden, welches wirklich Ihre persönliche Liebessprache ist – *Lob und Anerkennung, Zweisamkeit, Geschenke, Hilfsbereitschaft oder Zärtlichkeiten.*

Der Test besteht aus jeweils 30 Satzpaaren, aber Sie dürfen immer nur eine Aussage auswählen, die Ihren Bedürfnissen entspricht. Lesen Sie sich die Sätze in Ruhe durch und kreuzen Sie dann den entsprechenden Buchstaben auf der rechten Seite an. Manchmal mag es schwerfallen, sich für eine Aussage zu entscheiden, aber um zu einem Ergebnis zu kommen, müssen Sie das tun.

Lassen Sie sich mindestens 15 bis 30 Minuten Zeit, um den Test zu vervollständigen. Beschäftigen Sie sich nur dann damit, wenn Sie ruhig und entspannt sind. Gehen Sie nicht gestresst oder unter Zeitdruck daran. Haben Sie Ihre Wahl getroffen, dann zählen Sie, wie oft Sie die jeweiligen Buchstaben angekreuzt haben. Tragen Sie die Ergebnisse in das Kästchen am Ende des Tests ein.

| 1 | ➤ Wenn meine Frau mir kleine Liebesbriefe schreibt, fühle ich mich gut. | A |
| | ➤ Wenn meine Frau ihren Arm um mich legt, gibt mir das ein gutes Gefühl. | E |

| 2 | ➤ Ich bin sehr gern mit meiner Frau allein. | B |
| | ➤ Wenn meine Frau eine lästige Aufgabe wie Rasenmähen für mich erledigt, fühle ich mich geliebt. | D |

3
- ➤ Ich freue mich riesig über Geschenke
  von meiner Frau.   **C**
- ➤ Ich genieße lange Autofahrten mit meiner Frau.   **B**

4
- ➤ Ich fühle mich geliebt, wenn meine Frau dafür
  sorgt, dass ich frische Wäsche im Schrank habe.   **D**
- ➤ Ich genieße es, wenn meine Frau mich berührt.   **E**

5
- ➤ Ich fühle mich geliebt, wenn meine Frau mir
  liebevoll die Schultern massiert.   **E**
- ➤ Ich weiß, dass meine Frau mich liebt, weil sie
  mich regelmäßig mit Geschenken überrascht.   **C**

6
- ➤ Es bedeutet mir viel, mit meiner Frau
  spazieren zu gehen.   **B**
- ➤ Ich halte gern Händchen mit meiner Frau.   **E**

7
- ➤ Die Geschenke, die ich von meiner Frau
  bekomme, bedeuten mir immer sehr viel.   **C**
- ➤ Ich höre es gern, wenn meine Frau sagt,
  dass sie mich liebt.   **A**

8
- ➤ Ich mag es, wenn meine Frau dicht
  neben mir sitzt.   **E**
- ➤ Wenn meine Frau mir sagt, dass ich gut
  aussehe, tut mir das gut.   **A**

9
- ➤ Wenn ich Zeit mit meiner Frau verbringe,
  bin ich glücklich.   **B**
- ➤ Selbst das kleinste Geschenk von meiner Frau
  bedeutet mir etwas.   **C**

10
- ➤ Ich fühle mich geliebt, wenn meine Frau
  zu mir sagt, wie stolz sie auf mich ist.   **A**
- ➤ Wenn meine Frau mir mein Lieblingsessen
  kocht, weiß ich, wie wichtig ich für sie bin.   **D**

11
- ➤ Egal, was wir tun – Hauptsache ist, wir tun es gemeinsam.   B
- ➤ Ich fühle mich gut, wenn meine Frau mich aufmuntert.   A

12
- ➤ Gefälligkeiten meiner Frau bedeuten mir mehr als tausend Worte.   D
- ➤ Ich nehme meine Frau gern in den Arm.   E

13
- ➤ Ein Lob von meiner Frau bedeutet mir viel.   A
- ➤ Es bedeutet mir viel, wenn meine Frau sich Mühe gibt, mir das zu schenken, was ich mir gerade wünsche.   C

14
- ➤ Sobald meine Frau in der Nähe ist, fühle ich mich wohl.   B
- ➤ Ich mag es, wenn meine Frau mir den Rücken massiert.   E

15
- ➤ Wie meine Frau reagiert, wenn ich etwas geleistet habe, ist für mich immer wieder Ansporn.   A
- ➤ Es bedeutet mir viel, wenn meine Frau etwas für mich erledigt, was sie selbst nicht gerne tut.   D

16
- ➤ Ich kann nie genug kriegen, wenn meine Frau mich küsst.   E
- ➤ Ich finde es schön, wenn meine Frau sich für meine Arbeit interessiert.   B

17
- ➤ Ich kann mich darauf verlassen, dass meine Frau mir mit Rat und Tat zur Seite steht.   D
- ➤ Ich bin immer noch aufgeregt, wenn ich ein Geschenk von meiner Frau auspacke.   C

18
- ➤ Es macht mich stolz, wenn meine Frau mir sagt, dass ich gut aussehe.   A
- ➤ Ich freue mich darüber, wenn meine Frau mir in Ruhe zuhört.   B

19
➤ Wenn meine Frau in der Nähe ist, kann ich
nicht anders, als sie zu berühren.   E
➤ Meine Frau nimmt mir immer wieder
Erledigungen ab, und das schätze ich an ihr sehr.   D

20
➤ Meine Frau hätte eigentlich einen Preis verdient
für so viel Hilfsbereitschaft.   D
➤ Ich staune immer, wie viele Gedanken sich
meine Frau macht, bevor sie mir etwas schenkt.   C

21
➤ Ich blühe richtig auf, wenn meine Frau mir ihre
ungeteilte Aufmerksamkeit schenkt.   B
➤ Wenn sie lästige Alltagspflichten wie den Hausputz
übernimmt, ist das einer der größten Liebesdienste,
die sie mir tun kann.   D

22
➤ Ich bin schon riesig gespannt, was meine Frau
mir wohl zum Geburtstag schenken wird.   C
➤ Ich kann nie zu viel davon bekommen, wenn meine
Frau mir sagt, welch eine wichtige Rolle
ich in ihrem Leben spiele.   A

23
➤ Wenn meine Frau mir etwas schenkt, weiß ich,
dass sie mich liebt.   C
➤ Meine Frau zeigt mir ihre Liebe, indem sie
mir hilft, Haus und Garten in Schuss zu halten.   D

24
➤ Meine Frau unterbricht mich nicht, wenn ich
rede, und das schätze ich sehr.   B
➤ Geschenke kann ich nie genug von ihr bekommen.   C

25
➤ Meine Frau sieht gleich, wenn ich nicht mehr
kann. Und dann steht sie mir sofort zur Seite.
Das ist schön.   D
➤ Es ist mir egal, wohin wir gehen oder fahren –
Hauptsache, wir sind zusammen.   B

26
➤ Ich fühle mich geliebt, wenn wir miteinander schlafen. **E**
➤ Ich liebe es, mich von meiner Frau mit Geschenken überraschen zu lassen. **C**

27
➤ Es gibt mir Kraft, wenn meine Frau mich lobt. **A**
➤ Ich gehe mit meiner Frau gern ins Kino. **B**

28
➤ Meine Frau hat ein Gespür dafür, was ich mir manchmal insgeheim wünsche. Und das finde ich großartig. **C**
➤ Wenn meine Frau in der Nähe ist, habe ich das starke Bedürfnis, sie zu berühren. **E**

29
➤ Es bedeutet mir viel, wenn meine Frau mir hilft, obwohl sie selber genug zu tun hätte. **D**
➤ Ich fühle mich großartig, wenn meine Frau mir sagt, wie viel ich ihr bedeute. **A**

30
➤ Wenn wir eine Weile getrennt waren, kann ich es kaum abwarten, meine Frau in die Arme zu schließen und sie zu küssen. **E**
➤ Ich höre es gern, wenn meine Frau mir sagt, dass sie an mich glaubt. **A**

A: _____ B: _____ C: _____ D: _____ E: _____

A = Lob und Anerkennung
B = Zweisamkeit
C = Geschenke
D = Hilfsbereitschaft
E = Zärtlichkeiten

Auswertung und praktische Anwendung der Ergebnisse

Die Liebessprache mit der höchsten Punktzahl ist Ihre persönliche Muttersprache der Liebe. Ergibt sich Punktgleichheit für zwei Sprachen, sind Sie eben „zweisprachig". Und liegen die Punktzahlen dicht beieinander, bedeuten Ihnen beide Sprachen etwa gleich viel. Die höchste Punktzahl, die Sie für eine Sprache erreichen können, ist 12.

Vielleicht ist das Ergebnis ja eindeutig und eine Sprache sticht hervor. Dann sollten Sie aber die anderen nicht etwa gering achten. Vielleicht ist gerade die Liebessprache Ihrer Frau darunter! Und schon deshalb sollten Sie sich auch mit diesen „Fremdsprachen" befassen, denn so verstehen Sie Ihre Frau gleich viel besser.

Auch Ihre Frau sollte Ihre Liebessprache kennen, denn davon profitieren Sie beide. Wenn Sie und Ihre Frau miteinander Ihre Liebessprachen sprechen, tut dies Ihrer Beziehung nur gut. Die zwischenmenschliche Bindung wird gestärkt, die Kommunikation gelingt besser, Verständnis wird geweckt und schließlich stellt sich wieder die Romantik ein, die Sie so lange vermisst haben.

Ermuntern Sie Ihre Frau, den folgenden Liebessprachen-Test für Frauen zu machen. Tauschen Sie sich hinterher über Ihre Ergebnisse und Gedanken dazu aus und nutzen Sie die neuen Erkenntnisse, um Ihre Beziehung noch besser zu machen.

Liebessprachen-Test für Frauen

Lob und Anerkennung, Zweisamkeit, Geschenke, Hilfsbereitschaft oder Zärtlichkeiten: Welches ist Ihre Liebessprache? Der folgende Test will Ihnen helfen, das herauszufinden. Danach können Sie und Ihr Mann in einen Gedankenaustausch treten und das Wissen nutzen, um Ihre Beziehung glücklicher zu machen.

Der Test besteht aus jeweils 30 Satzpaaren, aber Sie dürfen immer nur eine Aussage auswählen, die Ihren Bedürfnissen entspricht. Lesen Sie sich die Sätze in Ruhe durch und kreuzen Sie dann den entsprechenden Buchstaben auf der rechten Seite an. Manchmal mag es schwerfallen, sich für eine Aussage zu entscheiden, aber um zu einem Ergebnis zu kommen, müssen Sie das tun. Haben Sie Ihre Wahl getroffen, dann zählen Sie, wie oft Sie die jeweiligen Buchstaben angekreuzt haben. Tragen Sie die Ergebnisse in das Kästchen am Ende des Tests ein. Ihre Liebessprache erkennen Sie an der höchsten Punktzahl.

1
- ➤ Wenn mein Mann mir kleine Liebesbriefe schreibt, geht es mir gut. — A
- ➤ Wenn mein Mann seinen Arm um mich legt, gibt mir das ein gutes Gefühl. — E

2
- ➤ Ich bin sehr gern mit meinem Mann allein. — B
- ➤ Wenn mein Mann eine lästige Aufgabe wie Autowaschen für mich erledigt, fühle ich mich geliebt. — D

3
- ➤ Ich freue mich riesig über Geschenke von meinem Mann. — C
- ➤ Ich genieße lange Autofahrten mit meinem Mann. — B

4
- ➤ Ich fühle mich geliebt, wenn mein Mann einen Teil der Hausarbeit übernimmt. — D
- ➤ Ich mag es, wenn mein Mann mich berührt. — E

5
- Ich fühle mich geliebt, wenn mein Mann mir liebevoll die Schultern massiert.   E
- Ich weiß, dass mein Mann mich liebt, weil er mich regelmäßig mit Geschenken überrascht.   C

6
- Es bedeutet mir viel, mit meinem Mann spazieren zu gehen.   B
- Ich halte gern Händchen mit meinem Mann.   E

7
- Die Geschenke, die ich von meinem Mann bekomme, bedeuten mir immer sehr viel.   C
- Ich höre es gern, wenn mein Mann sagt, dass er mich liebt.   A

8
- Ich mag es, wenn mein Mann dicht neben mir sitzt.   E
- Wenn mein Mann mir sagt, dass ich hübsch bin, tut mir das gut.   A

9
- Wenn ich Zeit mit meinem Mann verbringe, bin ich glücklich.   B
- Selbst das kleinste Geschenk von meinem Mann bedeutet mir etwas.   C

10
- Ich fühle mich geliebt, wenn mein Mann zu mir sagt, wie stolz er auf mich ist.   A
- Wenn mein Mann mir im Haushalt hilft, weiß ich, wie wichtig ich ihm bin.   D

11
- Egal, was wir tun, Hauptsache ist, wir tun es gemeinsam.   B
- Ich fühle mich gut, wenn mein Mann mich aufmuntert.   A

12
- Gefälligkeiten meines Mann bedeuten mir mehr als tausend Worte.   D
- Ich nehme meinen Mann gern in den Arm.   E

13
- Ein Lob von meinem Mann bedeutet mir viel.   A
- Es bedeutet mir viel, wenn mein Mann sich Mühe gibt, mir das zu schenken, was ich mir gerade wünsche.   C

14
- Sobald mein Mann in der Nähe ist, fühle ich mich wohl.   B
- Ich mag es, wenn mein Mann mir den Rücken massiert.   E

15
- Wie mein Mann reagiert, wenn ich etwas geleistet habe, ist für mich immer wieder Ansporn.   A
- Es bedeutet mir viel, wenn mein Mann etwas für mich erledigt, was er selbst nicht gerne tut.   D

16
- Ich kann nie genug kriegen, wenn mein Mann mich küsst.   E
- Ich finde es schön, wenn mein Mann sich für meine Arbeit interessiert.   B

17
- Ich kann mich darauf verlassen, dass mein Mann mir mit Rat und Tat zur Seite steht.   D
- Ich bin immer noch aufgeregt, wenn ich ein Geschenk von meinem Mann auspacke.   C

18
- Es macht mich stolz, wenn mein Mann mir sagt, dass ich gut aussehe.   A
- Ich freue mich darüber, wenn mein Mann mir in Ruhe zuhört.   B

19
- Wenn mein Mann in der Nähe ist, kann ich nicht anders, als ihn zu berühren.   E
- Mein Mann nimmt mir immer wieder Erledigungen ab, und das schätze ich an ihm sehr.   D

20
➤ Mein Mann hätte eigentlich einen Preis verdient
für so viel Hilfsbereitschaft.   D
➤ Ich staune immer, wie viele Gedanken sich
mein Mann macht, bevor er mir etwas schenkt.   C

21
➤ Ich blühe richtig auf, wenn mein Mann mir seine
ungeteilte Aufmerksamkeit schenkt.   B
➤ Die Hilfe bei nervigen Alltagserledigungen ist einer
der größten Liebesdienste, die mein Mann für mich
tun kann.   D

22
➤ Ich bin schon riesig gespannt, was mein Mann mir
wohl zum Geburtstag schenken wird.   C
➤ Ich kann nie zu viel davon bekommen, wenn
mein Mann mir sagt, welch eine wichtige
Rolle ich in seinem Leben spiele.   A

23
➤ Wenn mein Mann mir etwas schenkt, weiß ich,
dass er mich liebt.   C
➤ Mein Mann zeigt mir seine Liebe, indem er
mir hilft, ohne dass ich ihn bitten muss.   D

24
➤ Mein Mann unterbricht mich nicht, wenn ich rede,
und das schätze ich sehr.   B
➤ Geschenke kann ich nie genug von ihm bekommen.   C

25
➤ Mein Mann sieht gleich, wenn ich nicht mehr kann.
Und dann steht er mir sofort zur Seite.
Das ist schön.   D
➤ Es ist mir egal, wohin wir gehen oder fahren –
Hauptsache, wir sind zusammen.   B

26
➤ Ich fühle mich geliebt, wenn wir miteinander
schlafen.   E
➤ Ich liebe es, mich von meinem Mann mit
Geschenken überraschen zu lassen.   C

27
- Es gibt mir Kraft, wenn mein Mann mich lobt. **A**
- Ich gehe mit meinem Mann gern ins Kino. **B**

28
- Mein Mann hat ein Gespür dafür, was ich mir manchmal insgeheim wünsche. Und das finde ich großartig. **C**
- Wenn mein Mann in der Nähe ist, habe ich das starke Bedürfnis, ihn zu berühren. **E**

29
- Es bedeutet mir viel, wenn mein Mann mir hilft, obwohl er selber genug zu tun hätte. **D**
- Ich fühle mich großartig, wenn mein Mann mir sagt, wie viel ich ihm bedeute. **A**

30
- Wenn wir eine Weile getrennt waren, kann ich es kaum abwarten, meinen Mann in die Arme zu schließen und ihn zu küssen. **E**
- Ich höre es gern, wenn mein Mann mir sagt, dass er mich vermisst hat. **A**

A: _____ B: _____ C: _____ D: _____ E: _____

A = Lob und Anerkennung
B = Zweisamkeit
C = Geschenke
D = Hilfsbereitschaft
E = Zärtlichkeiten

Auswertung und praktische Anwendung der Ergebnisse

Die Liebessprache mit der höchsten Punktzahl ist Ihre persönliche Muttersprache der Liebe. Ergibt sich Punktgleichheit für zwei Sprachen, sind Sie eben „zweisprachig". Und liegen die Punktzahlen dicht beieinander, bedeuten Ihnen beide Sprachen etwa gleich viel. Die höchste Punktzahl, die Sie für eine Sprache erreichen können, ist 12.

Vielleicht ist das Ergebnis ja eindeutig und eine Sprache sticht hervor. Dann sollten Sie aber die anderen nicht etwa gering achten. Vielleicht ist gerade die Liebessprache Ihres Mannes darunter! Und schon deshalb sollten Sie sich auch mit diesen „Fremdsprachen" befassen, denn so verstehen Sie Ihren Mann gleich viel besser.

Auch Ihr Mann sollte Ihre Liebessprache kennen, denn davon profitieren Sie beide. Wenn Sie und Ihr Mann miteinander Ihre Liebessprachen sprechen, tut dies Ihrer Beziehung nur gut. Die zwischenmenschliche Bindung wird gestärkt, die Kommunikation gelingt besser, Verständnis wird geweckt und schließlich stellt sich wieder die Romantik ein, die Sie so lange vermisst haben.

Danksagung

Wir möchten den vielen Ehepaaren danken, die uns von den Freuden und Problemen der zweiten Ehehälfte erzählt haben. Ihre Geschichten verleihen dem, was wir geschrieben haben, eine persönliche Note.

Insbesondere danken wir Jerry und Dianna Jenkins, Joni und Ken Tada sowie John und Cindy Trent dafür, dass sie sich Zeit genommen haben, um uns von ihrem persönlichen Weg zu erzählen.

Ein weiteres Buch von Gary Chapman

Frühstück mit Gott
365 Andachten für Paare
978-3-86827-344-1
368 Seiten, gebunden

Nichts verspricht einen besseren Start in den Tag als ein gemütliches Frühstück. Mit vielen Leckereien, erfrischenden Säften und jeder Menge Zeit zum Reden. Zeit, sich auszutauschen, einander wirklich zuzuhören und gemeinsam zu träumen.

Die 365 Andachten in diesem Buch laden Sie dazu ein, nicht nur mit Ihrem Partner ins Gespräch zu kommen, sondern auch mit Gott. Denn nur wenn er mit Ihnen am Frühstückstisch sitzt, werden Ihr Hunger und Ihr Durst wirklich gestillt. Und von wem könnten Sie besser lernen, in der Liebe zu wachsen, als von ihm? Gönnen Sie Ihrer Beziehung diese wertvolle Zeit zu dritt. Sie werden merken: Nie war Ihr Liebestank so gefüllt, nie haben Sie sich von Ihrem Partner so geliebt gefühlt und nie haben Sie ihm Ihre Liebe so gut zeigen können.